书山有路勤为径，优质资源伴你行
注册世纪波学院会员，享精品图书增值服务

学 习 力

颠覆职场学习的高效方法

（第2版）

王世民 缪志聪 · 著

电子工业出版社

Publishing House of Electronics Industry

北京 · BEIJING

图书在版编目（CIP）数据

学习力：颠覆职场学习的高效方法 / 王世民，缪志聪著. —2 版. —北京：电子工业出版
社，2024.5

ISBN 978-7-121-47721-8

Ⅰ. ①学… Ⅱ. ①王… ②缪… Ⅲ. ①学习方法 Ⅳ. ①G791

中国国家版本馆 CIP 数据核字（2024）第 077591 号

责任编辑：杨洪军

印　　刷：涿州市殷润文化传播有限公司

装　　订：涿州市殷润文化传播有限公司

出版发行：电子工业出版社

　　　　　北京市海淀区万寿路 173 信箱　　邮编 100036

开　　本：720×1000　　1/16　　印张：18.5　　字数：355.2 千字

版　　次：2018 年 10 月第 1 版

　　　　　2024 年 5 月第 2 版

印　　次：2025 年 9 月第 7 次印刷

定　　价：79.00 元

凡所购买电子工业出版社图书有缺损问题，请向购买书店调换。若书店售缺，请与本社发
行部联系，联系及邮购电话：（010）88254888，88258888。

质量投诉请发邮件至 zlts@phei.com.cn，盗版侵权举报请发邮件至 dbqq@phei.com.cn。

本书咨询联系方式：（010）88254199，sjb@phei.com.cn。

赞　誉[1]

陈果　IBM 咨询事业部零售行业董事总经理

在中国，我们发现许多职场人士在同理心、批判性思维和创造力这三个方面还有待提高。其中，修炼批判性思维，我推荐阅读这本书，以及作者的另一本书《思维力》。

陈辉远　IBM 咨询事业部制造业副总经理

学习力是职场制胜的关键。在这个信息爆炸的时代，职场人士面临的问题不是要学的东西太少，而是要学的东西太多。很多人常常陷入学习焦虑，不知道该如何吸收并内化知识。通过利用书中的拆解技巧，你可以迅速提升自己的内力，强化职场竞争力。

华明胜　埃森哲数字服务董事总经理

顾问需要具备三大能力：理解深，学习快，总结准。此前出版的《思维力》一书已经阐述了高效思维的方法，而这本《学习力》详细介绍了如何进行高效学习。

---

[1] 按赞誉者的姓氏音序排列。

学习力（第2版）
颠覆职场学习的高效方法

吉永 歌尔集团副总裁

学习不仅是一种行为，更是一种态度。当我们掌握了正确的学习方法时，我们的学习态度会变得越来越好。

李传玉 嘉年资本董事长

我与世民相识于多年前，当时公司的一个咨询项目遭遇困境，更换了几位项目经理仍未达成目标。年轻且缺乏行业经验的世民作为外聘顾问加入项目后，快速找到了问题的根源并制订了有效的解决方案，让这个几乎陷入僵局的项目得以顺利完成。我对他的才华和解决问题的能力深感钦佩，也一直希望了解他如何拥有如此强大的学习及解决问题的能力。现在，《学习力》这本书从职场需求出发，通过扎实的理论推演、系统的归纳总结，以及详尽的实施路径与方法，为我们提供了完整的答案。

林博文 台湾大学管理教授、台湾大学国际产学中心主任

现代大学科系领域过于细分，导致许多学习优异的学生在进入职场后难以快速适应。本书致力于填补这一教育空白，帮助所有学科的毕业生培养职场所需的跨领域学习能力，让他们能够自信地面对职场的挑战。

陶淑贞 盟亚企业管理公司CEO

从"知道"到"做到"，有方法、有路径，少点摸索，典范学习！

杨连瑛 埃森哲互联网高科技行业董事总经理

作为一名经验丰富的顾问，我认为这个行业最强大的地方就是借助多年的行业经验提供系统化的解决问题的方法。《学习力》这本书则提供了快速系统化学习的秘籍。

张德琪 顺丰集团副总裁

这本书是迄今为止我见过的关于"学习能力"提升的最好的一本书。它不仅深入探讨了知识的定位，还清晰地阐述了智慧的生成过程：觉知+觉悟！我相信，阅读这本书将为你带来极大的收获。

周小波 华润集团五丰农产品（深圳）有限公司总经理

与世民先生相识多年，他给我的印象是一位充满激情、极富感染力的管理者。他总是能够抓住事物的本质，准确切中关键点并寻求到最佳解决方案。感谢世民先生愿意将自己在"学习力"方面的多年实战经验分享给大众，他的努力不仅推动了个人能力的提高，也促进了整个社会的进步。让更多人能够更清晰地完善学习能力的建设，这是他的一大贡献！

第 2 版前言

《学习力：颠覆职场学习的高效方法》(简称《学习力》)第 1 版自出版以来已经过去了五年，这期间，我们见证了它从默默无闻到被广大读者所喜爱的历程。

在过去的五年里，有超过 10 万名读者选择了本书，更有数万名读者通过本书与我建立了联系，共同探讨职场学习的奥秘。由此可见，职场人对学习的热情从未减退，他们渴望掌握更高效的学习方法。

如今，《学习力》第 2 版的问世恰逢其时，因为我们正处在一个划时代的历史节点——生成式人工智能（AIGC）的崛起。AIGC 的推广和应用标志着人工智能（AI）正在全方位、深层次地改变我们的生活和工作方式，这也意味着职场学习的形态和方式将发生深刻的变化。

首先，AI 技术的介入使得信息的获取和处理变得更加便捷，从而大大提高了学习效率。

其次，AI 技术为个性化学习提供了可能，使得每个人都能根据自己的需求和特点进行定制化的学习。

最后，AI 技术还为我们提供了全新的学习体验，使得学习过程更加有趣、生动。

因此，在《学习力》第 2 版中，我们紧跟时代步伐，融入了大量关于 AI 的内容，以帮助读者更好地应对这一变革。具体来说，我们根据 AI 影响下的学习形态变化，更新了三大学习策略的内容；同时，加入了主流 AI 工具（如大语言模型、Midjourney 等）的快速上手指南和学习技巧。通过运用这些 AI 工具，我们演示了如何在搜索、理解、程序技能等方面实现学习效率的提升。

此外，为了更好地满足读者的需求，我们在第 2 版中对目录和部分学习示例进行了更新。最新的编排思路如下。

【策略篇】

这个部分保留了深受第 1 版读者喜爱的职场学习三大策略（功利性、框架、可迁移）。

在深入阐述脑神经科学、认知心理学、建构主义等基础理论的同时，分析了 AI 对职场学习方式的影响，让策略更具时代感和实用性。

【技巧篇】

在这个部分，我们根据众多读者的反馈进行了三个方面的调整：

首先，我们重新编排了目录，对内容进行了合理的组织和安排。我们调整了搜索技巧的位置，使其更符合读者的学习逻辑，同时减少了具体工具的操作说明，以突出核心内容。在传统搜索引擎的基础上，我们整合了当前流行的大语言模型的基本原理和实践应用。此外，我们还增加了如何运用编程与非编程方法来获取大规模数据的章节。

其次，在理解技巧部分，我们在第 1 版"理解三问"的基础上进行了改进。我们展示了如何借助 AI 的力量，一步步找到"理解三问"每一问的答案。通过与 AI 的结合，我们降低了思考难度，提高了理解能力。

最后，在应用技巧部分，我们替换了第 1 版的案例。以 Midjourney 的应用为例，我们展示了从一无所知到像《中国诗词大会》中的康震老师那样作画并猜测诗句的过程。

【应用篇】

这个部分的内容与时俱进，我们更新了程序技能的应用示例，演示了如何利用 AI 对 PPT 进行美化，以及如何利用 AI 直接生成 PPT 的内容。

在《学习力》第 2 版中，我们不仅保留了第 1 版的精华，还进行了内容优化和 AI 应用的融合。我们希望通过这些改进，为读者提供更全面、更实用的学习指导，帮助读者更好地应对职场挑战。

简而言之，本书将继续陪伴读者在职场学习的道路上不断前行，成为他们成长和进步的有力支持。

第 1 版前言

目前，市面上流行的学习类图书，一类是大学生写的，如斯科特·扬的《如何高效学习》；或者是大学教授写的，如芭芭拉·奥克利的《学习之道》。这类图书更多是对学科知识学习方法的总结，而不是职场人需要的职业技能学习方法的介绍。

另一类学习类图书，是"知识网红"（以知识变现为目的，有一定网络知名度的个人）写的。这类图书更多讲的是学习理念，缺少系统的、实操性强的学习工具和技巧，因此可能看起来很愉悦，可一旦应用就会发现对学习能力的提升帮助有限。

与上面两类图书不同，本书是聚焦职场学习的。本书针对职场人总结了一套完整、高效、实用的学习方法。它有三个特点：

- **理论深厚**，从脑神经科学、认知心理学、建构主义，以及各种主流学习理论出发提炼了职场学习的三大策略。

《学习力》这本书采纳了脑神经科学、认知心理学等学习理论的观点和研究成果，虽然这些理论观点和研究成果都有严谨的理论模型和科学研究作为支撑，并且经过了我们多年的实践验证，但由于人类认知的局限性，仍然存在一些争议和特例。为了保持内容的简洁明了并避免过于学术化，同时受到篇幅的限制，我们仅选取其中的关键观点进行阐述，而不会深入展开所有的学术细节。我们的重点始终在于实践应用，以便读者能够快速掌握并运用这些学习策略。

- **体系完整**，全面覆盖了搜索、阅读、积累、理解、应用五类学习技巧，并且从快速上手新技能的职场刚需出发，给出了综合运用方法。

- **实战导向**，以大量真实的职场学习场景为例，给出了各种学习方法和工具的使用技巧，并且详细演示了各种实用职场技能的学习步骤。

本书分为三个部分，编排思路如下。

第1部分　职场学习的三大策略

这个部分总结了职场学习的三大策略：功利性、框架、可迁移。从脑神经科学、认知心理学、建构主义等理论出发，既做了深刻的理论阐述，又举了通俗易懂的应用案例。

如果你对书中引用的脑神经科学、认知心理学等学习理论的观点有进一步研究的兴趣，可以阅读书后的参考文献。

第2部分　上手即用的五类学习技巧

这个部分都是一些上手即用的学习技巧和工具，并且按照搜索、阅读、积累、理解、应用的顺序做了系统化的组织。你既可以速成地应用这个部分中的单个技巧，又能体系化地学习整个内容。

第3部分　各类技能学习的应用演示

这个部分运用前两个部分的学习策略和学习技巧，分别演示如何快速学习程序性认知技能（如PPT制作）、理解性认知技能（如消费动机分析、商业模式设计）、行为技能（如打羽毛球），最后以一个综合应用结尾——如何快速进入一个新行业（如三个月成为运营总监）。

你既可以快速地掌握常用职场技能的学习步骤，迅速满足工作需要；又能融会贯通学习策略、学习技巧，为长期学习能力的提升奠定基础。

这套职场学习方法，是我们历经三年的线上和线下的教育实践，培训了超过 1 万人次后提炼出的经验总结。现在无论是尔雅的线下教育，还是 YouCore 的线上培训，都已应用了这套成熟的学习方法，也都取得了很不错的口碑。但在三年前，我们也走了不少弯路，受过不少挫折。

还记得 2014 年年底，在各种"新教育"浪潮的影响下，我辞去了外企咨询总监的职务，开始创业，怀着一腔教书育人的情怀投身于培养年轻顾问的事业中。

开始的时候，对教书育人这件事，我的确信心满满。因为自己无论是在求学阶段还是进入职场后，一个最引以为傲的优点就是学习能力强。

刚上学的时候，我成绩很差，属于典型的"后进生"。但在小学三年级下学期，我仿佛突然"开窍"了，学习成绩从排名班级末尾一跃成为第一名，并且从此一直保持到毕业。上了重点高中后，我的成绩也一直稳定在年级前五名，而且我从不熬夜，晚上 10:30 前准时睡觉，即使高三也是如此。高考前填报志愿时，虽然平时模拟考试分数都能超过清华大学和北京大学的分数线，但为保险起见（主要是不喜欢熬夜刷题，答题速度不快，担心万一发挥不好），我还是填报了当年高校排名第三的南京大学，最后以超过录取线 40 分的成绩被录取，还因此获得了学校给高分考生颁发的"新生奖学金"。

进入职场后，我的这种学习能力更上一层楼，学习任何技能都很快。刚工作三个月的时候，公司要推出手机游戏，我利用国庆假期，零基础自学了 J2ME（Java 语言平台，类似于 Android、iOS）。假期结束后，上班的第一天我就在诺基亚手机上给技术部经理演示了我新开发的"羊吃草"游戏，到现在他还逢人便说我是他见过的学习速度最快的人。

我后来转行做 ERP 实施顾问和企业咨询顾问后，这种快速学习能力更帮了大忙。顾问要在短时间内（有时不到一天），突击学习很多的行业知识（如零售业、房地产业、制造业、采矿业、汽车业等）和专业知识（如财务、销售、供应链、生产等），我因为学习速度快，在这个行业也算如鱼得水。在两家顶级的外企咨询公司中，我都是以团队中最年轻者的身份带着一群比我更有经验的顾问工作。

因为自己在学习上的成功经历，我在2015年4月开发完内部第一版的"知识的快速获取与整合"课程后，充满了信心。

但是，现实很残酷。在第一批顾问接受一个月的封闭培训后，他们要么遭受了严重的信心打击（老师的方法这么好，我怎么就学不会呢），要么生搬硬套所学的知识，效果有限（对自己有效的学习方法，对别人并不一定适用）。

痛定思痛之后，我开始正视"如何才能真正教会人"这个问题。

为了开发出一套真正能够提高学习能力的课程体系，我们的课程研发团队广泛阅读了各种学习理论，包括建构学习主义、人本学习主义、认知学习主义和认知心理学、行为学习主义和行为心理学、自然学习设计、布卢姆教学目标分类、行动学习等。同时，我们还不断在年轻的咨询顾问中进行验证和迭代，确保课程的有效性和实用性。

最终，以建构学习主义、认知心理学、行为学习主义和自然学习设计为核心，我和缪志聪老师（YouCore产品总监，《学习力》第4、12、13章的主笔）花了四个多月，开发了第二版的"知识的快速获取与整合"，总结出了适用于绝大多数人的三大学习策略、五类学习技巧，以及理解性认知技能、程序性认知技能和行为技能的完整学习方法。

这套新的学习方法一经推出，就获得了极高的评价。从2015年8月起，经我们培训的企业咨询顾问都展现出了出色的自我学习能力。令人欣喜的是，74%的人在半年到一年的时间内成长为所在公司的项目经理或核心顾问，这是一个非常了不起的成就。

至于我们自己的顾问，他们的表现更令人惊叹。每个人都能够以一当十，他们几乎每周都会接到"挖角"的电话，展现出了极高的专业素养和市场需求。

经过 2016 年和 2017 年两年时间内 29 个顾问班的迭代，以及 YouCore 线上教育平台对近万人的培养经验，这套学习方法已经相当成熟。因此，我们决定将其整理成书，与你分享这套体系化的职场学习方法。

以上就是本书写作的缘起。

目 录

策略篇

第1章 功利性学习，让学习不再难以坚持 2

第1节 大脑是一个有缺陷的学习器 3

第2节 用功利性学习，弥补大脑学习缺陷 5

第3节 简单3步，做到功利性学习 8

第2章 搭好框架，2年抵上10年 14

第1节 经验是如何形成并影响大脑的 15

第2节 知识体系建构的水平，决定了你的认知水平 19

第3节 构建高质量的个人知识体系框架 22

第3章 做到可迁移，任何工作都轻松上手 30

第1节 做不到知识迁移，很容易被社会淘汰 31

第2节 从近迁移到远迁移，层层递进 33

第3节 3大方法，做到知识和技能的可迁移 34

技巧篇

第4章　阅读技巧，彻底提高阅读水平 **44**

第1节　4大阅读理念，不只读得快，更能记得深、用得好 45

第2节　多重阅读法，用更少的时间吸收一本书的精华 48

第3节　用多重阅读法读多本书，让作者强强联手 58

第5章　理解技巧，让知识掌握得更好 **67**

第1节　所有的知识，都可归为这4类 67

第2节　事实性知识的记忆技巧，助你过目不忘 70

第3节　概念性知识的3个自问，帮你彻底理解 71

第4节　程序性知识的3个步骤，上手又快又好 84

第5节　元认知知识的真正理解，帮你知己又知彼 90

第6章　积累技巧，让每一次学习都充分沉淀 **96**

第1节　收藏技巧，打造个人知识仓库 97

第2节　笔记技巧，记录属于自己的内容 106

第3节　组织技巧，打造个人知识体系 119

第7章　应用技巧，学了就能用 **130**

第1节　最简应用：再难的任务也能快速上手 131

第2节　自然重复：别人的经验可以复制 140

第8章　搜索技巧，精准资料一搜就有 **148**

第1节　搜索引擎使用技巧，让搜索更高效 148

第2节　常用网站资源介绍，搜索引擎外的宝藏 152

第3节　确定精准的关键词，让搜索结果又全又准 163

第 4 节　AI 搜索，比搜索引擎更懂你 165

第 5 节　像搜索引擎一样，一次批量获取海量数据 173

应用篇

第 9 章　程序技能的学习：让你快速上手，轻松应用 182

第 1 节　程序技能的特点和误区 182

第 2 节　程序技能的 4 大学习步骤 184

第 3 节　应用示例：一天上手商务 PPT 制作 188

第 10 章　理解技能的学习：打开你的认知新世界 211

第 1 节　理解技能的特点和误区 211

第 2 节　理解技能的学习步骤 213

第 3 节　应用示例：快速掌握商业模式设计 222

第 11 章　行为技能的学习：打造文武双全的你 239

第 1 节　行为技能的学习要点 239

第 2 节　行为技能的学习步骤与示范 241

第 12 章　综合运用：如何快速切入一个新行业或新领域 250

第 1 节　需要避开的 3 大陷阱 250

第 2 节　进入一个新行业或新领域的 5 大学习步骤 254

第 3 节　应用示例：3 个月如何从运营小白成长为互联网运营高手 263

参考文献 278

策略篇

第1章

功利性学习，让学习不再难以坚持

例如，你进入一家公司担任会计助理，其中一个重要工作是将散落在多个 Excel 表中的客户信息和客户交易金额，合并统计到一张表中，要求一个客户对应一条记录。

假如这段时间，你在学习 Excel 公式的同时，也在背诵英语单词。你觉得你是更容易将 Excel 公式弄熟，还是更容易记住英语单词呢？

显然，你会将 Excel 公式掌握得很熟练，包括 VLOOKUP 这种之前一看就头疼的复杂函数，因为你必须用它来匹配和筛选记录。

然而，背诵英语单词就不同了。我相信情况很可能是这样的：你将单词背了又忘、忘了又背，最后实在不想坚持了，告诉自己这轮英语学习到此为止，下次再来吧。

让我们换个场景。

这次你入职一家外贸公司做跟单员，主要工作是跟进公司的欧美客户，用邮件或电话跟他们反馈和解释订单的进展。

这时，如果你同时学习 Excel 公式与背诵英语单词，你是更容易将 Excel 公式弄熟，还是更容易记住英语单词呢？

答案是不是变成了后者。

为什么学习同样的东西，在工作场景不同的情况下，效果会有如此大的差异呢？这就需要从了解你的大脑在学习中的三个缺陷开始。

第1节　大脑是一个有缺陷的学习器

○ 它是一个懒惰重复者和勤劳管理者的结合体

还记得我们初中就学过的牛顿第一定律吗？该定律又称惯性定律，是指任何物体都要保持匀速直线运动或静止状态，直到外力迫使它改变运动状态为止。

人的大脑也如此。它最喜欢的就是重复不变，并且会长期维持这种状态，抗拒任何大幅度的变化。这种保持不变的重复状态就是我们常说的习惯，掌管这些习惯的就是大脑中的基底神经节。

但是学习需要打破原来的习惯，形成大幅度的改变。要做到这一点，就要依赖大脑中的另一个区域：前额皮层。

基底神经节与前额皮层的关系就像"大象"与"骑象人"的关系。

基底神经节这头"大象"，只会按照习惯重复前行。前额皮层这位"骑象人"，则监控这些重复行为，并且做出决策。正是前额皮层的决策，让我们有了学英语、写书、锻炼身体等愿望。

要想让任何学习技能形成习惯并运用自如，就要靠前额皮层这位"骑象人"让基底神经节这头"大象"接受新的变化，形成新的重复。

前额皮层这位"骑象人"的管理功能强大，但有个致命的缺点：对意志力的消耗很大。一旦意志力消耗完毕，却还没有让基底神经节这头"大象"彻底接受新变化，"大象"就会恢复旧有的习惯，走回老路，于是学习产生的新变化就消失了。

因此，**要想更轻松地学会一个新的技能，就一定要巧用方法，让前额皮层这位"骑象人"消耗更少的意志力，而不是发挥莽撞的武力——刻苦、坚持。**

○ 它是一个很容易就被满足感欺骗的小孩

大脑的奖励机制分不清现实的成果和未来承诺的成果。

例如，你参加了一个时间管理的互助小组，当终于列出了周计划时，是不是一想到下周能做完这么多工作，就已经觉得自己很棒了？虽然你什么都还没做，但大脑已经获得满足感了。因此，最可能的结果是，你放纵了一个周末"奖励"自己，然后周计划里的工作基本上都没按时完成。

为什么会这样呢？因为大脑会对完成目标的可能性感到兴奋，错把可能性当作真正完成了目标。

结果就是：自己以为会了，所以学习停留在表层，没有深入下去。

例如，学习新技能的时候，将经典书籍买回来或将干货文章收藏后，看了几页、熟悉了几个流行的专业名词后就很兴奋，觉得自己已经学会了。但其实，一到要用的时候，基本上什么都不会。

○ 它是一个忘性超大的不靠谱存储体

你可能用过很多存储卡，如 U 盘、手机 Micro SD 卡、数码相机的 TF 卡等。这些存储卡都有一个共同特点，就是除非你复制后主动删除，否则内容不会消失。

但大脑的记忆方式与存储卡大不相同，它就像用水在纸上写字一样，随着时间的推移，字迹很快就干了、没了。

诺贝尔生理学或医学奖得主埃里克·坎德尔在《追寻记忆的痕迹》一书中，已经通过非常可靠的脑神经研究实验表明，在学习完成后的 1 小时内，记忆量就会急速下降。要形成长时记忆，需要神经元之间形成新的突触，并且这些突触的强度需要得到长时间的强化。

这就意味着，必须重复足够多次，才能让突触强度发生持久的改变，从而形成长时记忆。

于是，问题就来了：**有多少人具备坚持重复足够多次的毅力？**因此，英语才常常学了一遍又一遍，却仍然原地踏步，没有明显的进步。

正是因为大脑在学习上的这三个缺陷，你才会出现难以坚持、眼高手低、学了又忘的情况。

可是大脑再有缺陷，我们无法抛弃它，毕竟没了头颅还能活着的人是不存在的。再说，它还有很多其他有用的功能。

那么，大脑要怎样用才能取长补短呢？

这时，功利性学习的价值就来了。

第 2 节　用功利性学习，弥补大脑学习缺陷

所谓功利性学习，就是从工作的实际需要出发，学习后立马应用。

采用功利性学习的做法，就可以很好地克服大脑在学习中的三个缺陷。

○ 解决意志力消耗大、难以坚持的问题

因为功利性学习是从工作的实际需要出发的，所以无论你想不想学，都必须启动。这种被动式的启动，与主动逼迫自己学习相比，消耗的意志力要少很多。

就好比早上起床，如果公司规定 9:00 上班，迟到要罚款，那么你按时起床所需的意志力其实是很少的，因为这是一件不得不做的事。但如果今天是周末，又没啥必须早起处理的事情，这时你按时起床所需的意志力就远远大于平时上班的情况。

功利性学习不仅解决了启动学习的意志力消耗问题，在坚持学习方面也解决了同样的问题。因为要在工作中使用，所以随着工作需要的变化，你自然会不断地学习新的内容，而无须消耗过多的意志力去逼着自己坚持学习。

就好比学习安卓编程，如果你本身的工作就是开发手机 App，那么你很自然地就会不断地学习安卓开发平台的新功能；如果你现在是一名美工，想转型做安卓开发，那么对你而言，坚持学习安卓开发平台的新功能所消耗的意志力，就会远远大于前者。

而且，由于工作所需，学习的方法和技能能够立即产生效果，这会激发你的学习兴趣，促使你重复学习更多内容。然而，如果你学习的内容与工作需求不相关，就会面临着看不到即时效果的问题，从而导致前额皮层消耗更多的意志力来坚持学习。

因此，如果能够多多采取功利性学习的策略，就可以用更少的意志力学会更多的技能和方法。

○ 避免表层学习，更深入地掌握方法和技能

因为大脑容易受到满足感的欺骗，我们往往在学习时停留在表层，看似掌握，但实际操作时却无法得心应手。

采用功利性学习，因为要在工作中应用，所以就不能只停留在表层，必须往深层钻研，直至解决问题为止。

就好比学习拟文章标题，看过一篇优秀的干货文章【标题做到"这最好（How）玩（Why）"，就更容易吸引人】后，你可能感到很满足，收藏了文章，认为自己已经是拟标题的高手了。

然而，当真正需要拟标题时，有的人可能连"这最好玩"是啥都记不清了；有的人知道"这最好玩"是啥，但就是拟不出符合这个条件的标题。

如果没有采用功利性学习的策略，你收藏文章的时候，就不会知道其实你根本没有掌握这个策略，更谈不上去学习更深入的内容了。

如果采用功利性学习的策略，你就不会只是将文章收藏起来，而会拟一个符合"这最好玩"标准的标题出来。

当拟出这个标题后，你就会发现新问题了：怎么依然没什么人看呢？

于是，为了解决这个新问题，你就会学习更多的方法和技巧。你会发现除了标题格式要符合"这最好玩"，标题内容也要能满足读者的某个需求，如体现身份的需求、偷窥他人隐私的需求、实用的需求等。

因此，采用功利性学习的策略，就能避免学习停留在表层，从而更深入地掌握技能和方法。

○ 在工作中自然重复，抵抗遗忘曲线

既然你已经明白大脑的记忆机制，那么你应该知道应对遗忘最好的方法就是频繁地进行间隔重复。

可是，这很难做到！

就拿背英语单词来说，人人都知道每天背诵 30 个新单词，再将前一天背诵的单词重复记忆一遍，3 天后再重复一遍，7 天后再重复一遍，14 天后再重复一遍，21 天的时候再重复一遍，这样就能记得比较牢了。

但是，到了第3天的时候，估计还愿意重复的人就很少了，因为太枯燥、太麻烦，不如只背新单词。结果就是背了后面，忘了前面。

但是，如果你是前面案例中的外贸跟单员，情况就大不相同了。你今天背的单词，可能今天下午在跟客户见面交流的时候就用到了，明天在邮件里可能又用了一遍，一个星期后在跟客户电话交流的时候又用了一遍。

在这种情况下，哪怕你还是只背新单词，但最常用的单词是不是在工作中已经重复了很多次，自然就记牢了呢？

不只是背单词，学习其他知识也一样。例如，学习 Excel 公式，仅仅当时记住是远远不够的。根据埃里克·坎德尔的研究，这些知识在一天后可能只剩下两三成的记忆。但如果你是前面案例中的会计助理，在工作中频繁地使用这些公式，那么自然而然就能加深记忆了。

因此，如果能采用功利性学习的策略，就不用担心大脑这个存储体会忘事，因为最常用的内容，它一定会帮你记得牢牢的。

虽然你的大脑有着三大学习缺陷，但只要采用功利性学习的策略，问题是不是就完美解决了？

第3节 简单3步，做到功利性学习

功利性学习的策略有这么多优点，那么，到底如何做才能掌握它呢？

方法其实很简单，你只需按下面的3个步骤做就可以了。

○ **步骤1 选问题：选择一个工作中要解决的问题**

所谓功利性学习，就是从工作的实际需要出发，学完后立马应用。因此，你选择的这个问题，一定是你正在着手解决的，或者即将要解决的。

例如，我马上要录制一段音频课程，但是我不知道如何让声音更好听，这时我就可以确定要解决的问题为"如何让声音听起来更舒服"。

以解决问题为目的去学习，就再也不会出现工作时担心没时间学习、学习时担心工作做不完的情况了，因为工作与学习融为一体了。

○ 步骤2　定范围：确定学习内容的范围和顺序

确定好要解决的问题后，就要根据问题解决的迫切程度和进度确定学习内容的范围和顺序。

首先，根据问题解决的迫切程度，确定学习内容的范围。如果解决问题的时间比较充裕，就可以学习得全面一些；如果解决问题的时间很有限，就要学习立马就能起作用的具体方法或技巧。

还以录制音频课程为例。如果这个音频课程的录制有一个月时间，而且一个星期之后才开始，这时我就可以买几本书或一门课，系统地学习发音、音调、气息、共鸣控制等内容。

但如果下午就要开始录制，而且当天就要录完，只有一小时左右的学习时间，这时，我就只能买电子书，直接在书中翻查与"让声音听起来更舒服"有关的方法或技巧，或者直接在网上搜索"如何让声音听起来更舒服的技巧"，选用其中可以直接上手就用的方法。

例如，我选择的方法就是：坐直，放慢语速，想象你对面有个人。

确定学习内容的范围后，还要根据问题解决的进度，确定学习内容的顺序。如果问题的解决周期比较长，而且可以分几个阶段来进行，就可以优先学习第一阶段立马就要用的内容。

例如，做企业管理咨询项目，一般大约要三个月，通常分为现状调研、方案设计、实施路线规划三个阶段。

假设你被派遣去做一个二手车业务模式咨询项目，但你之前只做过房地产项目，对二手车几乎一无所知。时间紧迫，明天就要启动项目，一天内要学完与二手车相关的知识根本就不可能。

在这种情况下，你可以先确定调研中要用到的二手车知识，如二手车的产业链条、二手车的行业环境、二手车当前的竞争格局，以及二手车的发展趋势等，优先学习这些内容以确保调研的顺利开展。

在调研期间，再抓紧时间学习方案设计阶段要用到的二手车知识，如二手车的定价策略、二手车的竞拍策略、二手车的线下门店布点策略等。

在定范围这个步骤中，至关重要的是要抑制住自己想要学更多内容的冲动。我们必须紧紧围绕解决问题的需要来确定学习内容的范围和顺序，否则可能会出现以下问题：

（1）延误解决问题的时机。因为可用于学习的资源有限，如果将有限的资源用在了非急需学习的内容上，那么那些急需学习的内容可能无法及时掌握。

（2）浪费宝贵的时间和精力。如果学习的内容没被实际应用，大部分内容很快就会被忘记。这意味着，将来一旦需要这些知识，将不得不重新投入时间和精力去学习。

以前，采用功利性学习策略定范围时，你或许还会有这样的顾虑：临到用时才学，自己会不会来不及？还有许多知识未曾涉猎，是否会影响自己知识面的拓宽？

但现在有了 ChatGPT、文心一言、通义千问、讯飞星火等 AIGC 大模型的辅助，你完全可以打消这些顾虑，坚定地践行功利性学习策略。

因为只要用对提问的提示词，这些大模型就会快速搜集信息或协助你快速学习。

例如，你只需向文心一言提问："如何在 10 分钟内让自己的声音听起来更舒服？"它会在几秒钟内为你提供实用的方法。相较于过去通过翻书或搜索引擎检索再自行总结的方式，你的学习效率提高了至少 100 倍。

○ 步骤 3　实际用：实际应用所学内容解决问题

不仅要学，更要知道如何在解决问题的实践当中用。

一旦采用功利性学习的策略，你就会从解决问题的需要出发来找解决办法，因此我不担心你用不用的问题，而是要提醒你怎么用。

在应用所学内容解决问题的过程中，如果你没有这方面的经验，那么第一遍一定要严格遵循所学方法的指引，一丝不苟地套用。

为什么呢？因为在你还没有经验的时候：

（1）只有严格地套用，你才能根据反馈效果证明这个方法是否有用，否则你会永远纠结在是方法没用、还是你没用好方法这个问题上。

（2）只有严格地套用，你才能真正理解所学的方法，才能知道如何根据实际情况改进这个方法。

以"这最好玩"拟文章标题为例。如果一开始就加入了自己的理解，没有严格地遵循这个方法，也就是拟出的标题不完全符合它的标准，那么一旦文章阅读量未达预期，你是认为自己没有用好这个方法，还是认为这个方法本身不行呢？你根本就给不出结论。

反之，如果你拟的标题完全符合它的标准，而文章的最终阅读量效果不佳，这时你就可以下结论：只符合这个标准还不够，还需要考虑更多因素。

因此，在"实际用"这个步骤中，一定要切记，如果你没有经验，第一遍一定要严格遵循方法或技巧的指引。

总结

人的大脑其实是一个有缺陷的学习器，它有3个学习缺陷：

- 它是一个懒惰重复者和勤劳管理者的结合体。

- 它是一个很容易就被满足感欺骗的小孩。

- 它是一个忘性超大的不靠谱存储体。

因此，你会因为缺乏意志力而坚持不下来，学习的内容会停留在表层，而且学的大部分内容很快就被忘记。

采取功利性学习的策略，你就可以很容易地克服这3个缺陷：解决意志力消耗大、难以坚持的问题；避免表层学习，更深入地掌握方法和技能；在工作中自然重复，抵抗遗忘曲线。

这个策略用起来也挺容易，分以下3个步骤：

步骤1 选问题：选择一个工作中要解决的问题

步骤2 定范围：确定学习内容的范围和顺序

步骤3 实际用：实际应用所学内容解决问题

学员感言

学习本章后，我深有感触。之前我总是感觉自己时间不够用，学了很多杂七杂八的东西，但其中很多自己根本用不到，导致自己无法坚持学习，或者学完就忘，浪费了大量时间，还让自己感到焦虑。现在我明白了功利性学习的意义，学会了学以致用，焦虑感也随之消失了。

——学员1

我意识到，学习与工作的关联性很重要，但需要合理控制学习的范围和顺序。我曾因追求完美而陷入过度深入和发散的境地，导致工作进度受影响。未来，我会提前规划学习的范围和顺序，确保既能满足工作需求，又能高效地掌握知识。

通过合理的时间管理和工作安排，我相信能够更好地平衡学习与工作，更加游刃有余地应对各种挑战。

——学员 2

书外求助

当遇到问题时，除了看书，你还可以问人。如果你在阅读这本书时遇到了不清楚的地方，该怎么办呢？

例如，针对这一章的功利性学习，有人问：我现在知道如何在工作中进行功利性学习，但是如果我想转行，该如何应用功利性学习的策略呢？

为了帮助大家解决阅读中遇到的疑惑，我们特别建立了一个微信群。在这个群内，你只要提出你的问题，就会迅速得到解答和帮助。此外，你还有机会看到其他人的疑问与解答，从而将他们的经验转化为自己的宝贵知识。

关注微信公众号 YouCore，发送"学习力"，即可入群获得书外求助。

第2章

搭好框架，2年抵上10年

我模仿过美国实验心理学家罗迪格（Roediger）的一个实验。

请20个人同时看下面这串没有规律的词语（你也可以尝试记忆下）：

蛋糕—奶油—酥—奶糖—奶—蜂蜜—巧克力—德芙—味道—香—口香糖—木糖醇。

看完后，我请他们回答某个词是否在上面出现过。测试结果显示，有85%的人肯定地说，"甜"在上面的词语中出现过。也就是说，他们会"回忆"出没有出现的词语。

为什么会出现这样的回忆呢？因为蛋糕、奶糖、巧克力、木糖醇这些在味道、香气的暗示下，会诱导大脑编码出"甜"的味道。

这就证明，大脑不仅是事件的被动记录仪，而且会主动对信息进行编码与加工。例如，当一系列事件以随机顺序呈现时，人们会设法按有意义的顺序重新调整，再进行回忆。

但同样是加工，为什么有些人的信息就能加工得比较好，**工作2年就能积累出10**

年的经验；而有些人的信息加工能力就很一般，工作 10 年最多相当于别人 1 年的经验呢？

这就需要探讨一下，经验是如何在大脑中形成的，又是如何影响大脑的。

第 1 节　经验是如何形成并影响大脑的

我们大脑中有大量的细胞，叫神经元，如图 2-1 所示。

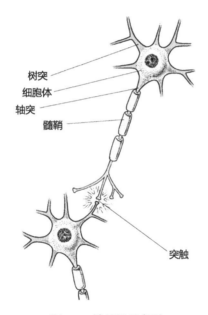

树突
细胞体
轴突
髓鞘

突触

图 2-1　神经元示意图

它们彼此之间通过突触传递信息。**我们每个人因为大脑中突触数量和连接方式的不同，加工处理信息的方法和效率其实都不一样。**

打个比方，我们的大脑就像一座"城市"，神经元像一个个学校、商场、医院这些"建筑"，突触就像"建筑"之间连接的"道路"，道路越四通八达，大脑这座城市的效率也越高。

打比方毕竟是打比方，对于大脑这座"城市"，我们是不是真的还有机会修路，改变突触的数量和连接方式呢？还是说一切木已成舟，只能听天由命？

好消息是，我们还有机会修路。

人在胎儿阶段，大脑仅拥有万亿个突触中的很少一部分，出生以后才逐渐形成更多的突触。大脑"道路建设"的方式主要有两种。

1. 突触产出过剩和选择：大脑中的连接从冗余到精简

六个月大的婴儿会产生比成年人更多的突触（过剩），然后受遗传和环境的影响，再选择性地消失一部分（选择），神经学家将这种突触形成方式，比喻为将石头创作为雕塑的过程。这个部分因为已经发生，所以不是我们关注的重点（如果你想培养你的小孩，就可以关注下面这个部分）。

2. 突触的增添和修正：大脑中的连接从朦胧到清晰

这是我们要重点关注的。在脑神经系统中，每当有新的经历，不管是新的感觉、新的想法还是新的行动，都会给大脑带来改变，神经元会创造出新的突触与其他神经元产生连接，就如同原来两个建筑之间没有路，现在有探险者摸索出了一条路。但这时的突触还是暂时的，还会消失，就如同这条路还不清晰。那么，怎么样才能让突触连接更加稳定？鲁迅先生说过："世上本没有路，走的人多了，也便成了路。"同样，要想让突触连接得更加稳定，不消失，就要不断地走这条路。重复相关的经历，当同样的突触连接方式重复很多次之后，就会形成相对固定的突触连线。

例如，你第一次鹦鹉学舌叫"妈妈"的时候，神经元间产生新的突触连接。如果换作其他不常用的词，可能没多久，这个突触就消失了。但"妈妈"这个词不同，你与母亲朝夕相伴，经常叫"妈妈"，相关的突触连接会不断加固。

因此本质上，你接触信息的质量和习得信息的数量都会不断地影响你大脑的结构。不管是优秀的经验，还是糟糕的做法，重复多了，都会被大脑固化为一定的突触连线，从而影响你后续学习新内容，以及输出信息的效率和质量。

专家之所以比普通人学得多、学得快、学得深，很重要的一点就是，他们采取了更为出色的方式，来组织、利用信息和知识，从而在大脑中产生了更高效的突触"连线图"。

例如，同样欣赏画作。如果让普通人对看到的画进行归类，一般的归类方法也就是这几幅画都有山，那几幅画都有鸟。再好一点的可能就是按照风景、静物、肖像进行归类。普通人之所以这样归类，是因为他们最习惯的就是按照事物的表面特征组织和利用信息，时间长了他们大脑中的突触连线也就这样固定了，所以一看到画直觉上就是按表面特征归类。

专家的归类方法则大大不同，他们一般会按照事物的内在联系组织和利用信息，久而久之，他们大脑中的突触连线就跟普通人不同，所以他们直觉上就不会将画按照表面特征归类，而是会按照艺术风格、派系传承等隐藏的深层特征进行归类。

再如，同样学习解决问题的方法。普通人在学习时会对各种思维工具和方法更感兴趣，并且会按一个个的思维工具和方法来组织知识，如思维导图、5why、黄金三分法（what-why-how）等。在这种组织方法下，大脑的突触连线图就显得很分散，而且断头路会很多。在碰到实际问题时，往往很难有效地采用合适的工具或方法加以解决，这主要是因为：① 不知道哪个工具或方法更合适；② 绝大多数现实问题都难以靠一个工具或方法就能解决。

而解决问题的高手，虽然同样会对思维工具和方法感兴趣，但在组织知识的时候，他们更喜欢先将问题分为不同的类型，再按不同问题类型归纳出一般的解决步骤，最后将各种思维工具和方法填充在各个解决问题的步骤中，如图 2-2 所示。

第一层 问题类型	现状类问题	选择类问题	定义类问题	原因类问题	行动类问题
第二层 解决步骤	界定问题	构建框架	明晰关键	高效执行	检查调整
第三层 工具和方法	what-why-how	SWOT	思维导图	逻辑树	MECE

图 2-2 高效解决问题的步骤

用这种层次分明、顺序清晰的多层框架来组织知识，他们大脑的突触连线图中相互联系的线条就很多，而且很少会有断头路。在解决实际问题时，也就更容易找到解决问题的线索，提取出相应的解决问题的框架。

就像下面两个问题。

问题 1："我收到了两个职位一样的 Offer，一个是国企，另一个是民企，我应该怎么选呢？"

问题 2："我很迷茫，不知道自己想做什么工作，我应该如何做职业规划呢？"

普通人会困惑于，是选用 5why 来解决，还是选用 what-why-how 来解决？最后不管用哪一个，都无法真正解决问题。

但问题解决高手很容易就可以解决这两个问题，他首先会判断问题类型：问题 1 是选择类问题，问题 2 是差距不明的行动类问题。

确定问题类型后，针对问题 1，他就会调出选择类问题的解决步骤：

（1）界定清楚问题，也就是帮对方从目标出发确定好选择一份工作主要的考量要素。例如，人脉关系、工作地点、薪资、晋升空间等。

（2）选用一个决策模型，如加权打分模型或必要—优先选择模型，填入考量要素，设置权重并打分，最后选择得分高的选项，如表 2-1 所示。

表 2-1　选择工作的加权打分模型示例

Offer	人脉关系			工作地点			薪　资			晋升空间			总　分
	权重	打分	得分	权重	打分	得分	权重	打分	得分	权重	打分	得分	
国企	3	10	30	1	8	8	1	5	5	2	5	10	53
民企		6	18		6	6		8	8		7	14	46

针对问题 2，他就可以调出差距不明显的行动类问题解决步骤，也就是《思维力：高效的系统思维（第 2 版）》中介绍的解决问题五步法，如图 2-3 所示。

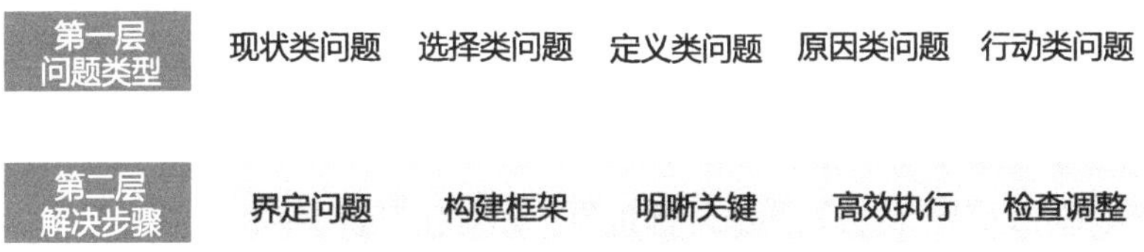

第一层 问题类型　　现状类问题　选择类问题　定义类问题　原因类问题　行动类问题

第二层 解决步骤　　界定问题　　构建框架　　明晰关键　　高效执行　　检查调整

图 2-3　行动类问题解决步骤

因为普通人和问题解决高手组织和利用知识的方式不同，所以随着解决的问题越多，大脑中的突触“连线图”差异就越大，最后积累的经验差异也是天壤之别的。

第 2 节　知识体系建构的水平，决定了你的认知水平

前面一节从微观的脑神经层面上，使我们了解到组织和利用知识的方式不同，最后积累的经验就会有巨大的不同。

那么，采用怎样的方式组织和利用知识，才能保证经验的积累更为有效呢？

在探索这个答案之前，我先请你回答一个问题：知识是客观的，还是主观的？

你可能会说知识是主观的。但其实在我们所接受的教育中，客观主义的知识观一直是占据主导地位的。所谓客观主义的知识观，就是假设认识对象的基本特性是可知

的、相对不变的，所以知识是稳定的，是对客观世界的反映。

从这种观点出发，学习的目的就是接受和记住各种知识。在这种情况下，我们的大脑就像一个空容器，将各种知识往里灌输就行。

但是，这种客观主义的知识观最大的问题在于，它忽略了世界的无限复杂性（至少到目前为止，人类并未能彻底认识这个世界），以及作为认识主体的人所具有的巨大的主观能动性。

建构主义的知识观，不再将知识看作绝对现实的知识，而认为知识是个人对知识的建构，也就是说，个人创造有关世界的意义，而不是发现源于现实的意义。

例如，同样看到花凋零了，黄巢看到的是"待到秋来九月八，我花开后百花杀"；林黛玉看到的却是"花谢花飞花满天，红消香断有谁怜"。

每个人都在以自己的方式想象外部世界。你对任何新事物的看法和学习，都基于你对这个世界独特的经验集合，以及你对这些经验的信念。

这些经验集合和信念就是先前经验、先前概念、先前知识，而**学习就是原有经验的迁移**。

因此，最高效的学习方式，就是能清楚地构建出自己原有经验的知识体系框架。在每次学习新知识时，再对原有框架加以增补和修正。

就像装修房子，有的人在装修之前有一张完整的房子装修设计图（个人知识体系），可以清楚地知道整个装修的进度，每次有新的装修材料（新知识）时，会检查新的装修材料对应于设计图中的哪个位置。如果有对应的位置，就增添到相应位置；如果没有对应的位置，就要对设计图进行调整，对装修材料也进行调整，让新旧材料可以更好地融为一体。对他们来说，学习的过程是不断积累、修补的过程，时间越长，要学的新知识会越来越少，给人的感觉就是学起来越来越快。

还有的人，装修之前没有设计图，不知道哪些装修过，哪些没有装修过，装修到哪里是哪里，重复装修，或者装修错了再推倒重来。对他们来说，学习的过程就是盲目试错、推倒重建的过程，所以经常从零开始，学起来自然就慢。

因此，个人能力知识体系框架质量的高与低，就直接决定了我们对这个世界认知水平的高与低，决定了学习的效率和效果。

那么，怎样的个人能力知识体系框架才算高质量呢？有 3 个基本标准。

1. 整体性：整合碎片，打造知识的强大网络

高质量的知识体系框架，一定是以本质的内在联系将知识组织为一个整体，并且服务于同一个根本应用目标的。例如，某地产公司财务总监的知识体系框架，包含了私募基金产品知识和地产物业运营知识，这两个知识放在一起产生的内在联系，使这位财务总监看到了地产公司往产业金融集团转型的大趋势（会发行房地产私募基金），并且抓住了地产公司相较于传统金融集团的优势（懂地产运营）。

2. 调整性：遇阻不止，知识体系迅速自我修复

高质量的知识体系框架的第二个标准是自身具备很好的调整性，也就是说，当这个框架在实现目标的过程中，发现有阻碍或遇到干扰时，可以快速修正以确保对目标的支撑。例如，地产公司财务总监发现公司募资主要不是通过私募基金产品，而是传统的金融机构贷款，那么他搭建的知识体系框架就可以很好地调整以适应这个变化。

3. 转换性：永不落后，知识体系灵活迎合新目标

高质量的知识体系框架的最后一个标准是转换性，也就是说，一旦目标发生变化，这个框架能够同步转换以支撑新目标的实现。还以地产公司财务总监为例。如果他对房地产、对财务都没兴趣了，想转型做互联网公司的 HR，那么他原先搭建的知识体系框架也可以快速转换以促成这个新目标的实现。

注意，个人知识体系框架与学科知识体系框架是不同的。个人知识体系框架中的

所有知识一定都指向同一个应用目标；而学科知识体系框架更多是为了尽可能覆盖这个学科所有的内容，没有一个共同的应用目标。例如，同样学了财务知识，有人用于会计工作，有人用于审计工作。因此，如果照搬学科知识体系框架的话，是不符合优秀知识体系框架的整体性、调整性和转换性标准的。

那么，怎样才能构建出符合整体性、调整性、转换性的高质量知识体系框架？下一节我们就来好好聊一聊这个问题。

第3节 构建高质量的个人知识体系框架

个人知识体系框架大体上可分为3种主要类型，如图2-4所示。

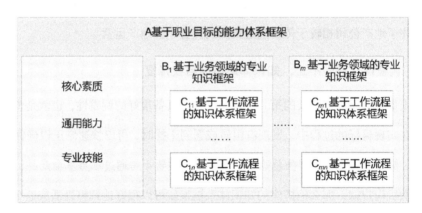

图2-4 个人知识体系框架的3种类型

○ 基于工作流程的知识体系框架：一步一步告诉你如何行动

基于工作流程的知识体系框架是最低层次的一种知识体系框架，是另外两种知识体系框架的重要基础。

例如，销售流程、开发项目管理方法论、软件实施项目管理方法论、解决问题五步法等，都属于这个层次的知识体系框架。

假设你是一名电话销售按摩椅的销售员，那么可以按照下面两步构建你的销售流程知识体系框架：

（1）按你的工作流程构建一个最简单的框架：准备→开场白→探寻需求→提出方案→锁定交易→后续跟进。

（2）将各种销售模板、销售工具、话术等，填入上面的 6 个步骤中，如图 2-5 所示。

这样，一个基于工作流程的知识体系框架就搭建好了。

这种方法搭建的框架，已经满足高质量知识体系框架三大标准中的整体性标准，因为这些知识都是围绕着如何卖出按摩椅来组织的。

那么，如何保证这个框架还满足调整性、转换性两个标准呢？需要对各步骤，以及各步骤中的模板做更高层次的抽象。

图 2-5　销售流程知识体系框架

如果你能将电话销售话术抽象表征到一般销售的层次：用户是谁？他的核心诉求是什么？如何用一句话打动他？

那么，如果公司将你从电话销售岗位调配到网络销售岗位，你的这个知识体系框架就很容易调整，让你快速适应网络销售，这就是一个电话销售可以成长为金牌销售的秘诀。

如果进一步，将电话销售话术抽象表征到一般营销的层次：用户画像是什么？用户需求分析怎么做？打动人心的文案结构是什么？

那么，当你积累了一定经验后，哪怕转到市场营销岗位，你的这个知识体系框架也很容易转换为市场营销经理的知识体系框架，这就是一个电话销售可以成长为市场营销经理的秘诀。

如果再进一步，将电话销售话术抽象表征到一般沟通的层次：人类行为的基本特征怎么分类？人性的根本弱点有哪些？说服他人的认知心理学本质是什么？

那么，你的这个电话销售知识体系框架，就能大幅度地转换为任何层面的团队管理知识体系框架，这就是一个电话销售可以成长为高阶管理者的秘诀。

因此，只要按工作流程搭建框架，做更高层次的抽象，你的知识体系框架很容易就是一个符合三大标准的高质量知识体系框架，而且只要这样做了，哪怕你今天还是一名基层的小员工，两年后你就能领导一些工作年限远多于你的人了。

○ 基于业务领域的专业知识框架：深入业务背后的原理模型

如果能熟练掌握"基于工作流程的知识体系框架"的搭建方法，成为一名优秀的中基层执行者就是十拿九稳的事了。

但如果你想更进一步，成为你所在业务领域的专家或资深人士，那么仅仅掌握这个层次的知识体系框架搭建的方法还不够，你还得掌握如何搭建"基于业务领域的专业知识框架"。

这个知识框架的构建，有点类似于我们上学时搭建的学科知识体系框架。最简单的做法就是，按照教科书或专业图书的目录来构建。

不过，如果真的按这种方式来构建你的专业知识框架，那么你可能一辈子都成不了专家，最多成为一名熟手。因为这样的框架不符合高质量知识体系框架的三大标准：整体性、调整性和转换性。

那么，要怎样才能构建出符合三大标准的高质量的专业知识框架呢？

首先，要找到专业知识背后相通的本质规律，这些本质规律一般会以公理、原理、定律的形式出现。

例如，我们念初中的时候，都学过平面几何。当时觉得几何题的题目千变万化，好像有无穷无尽的类型。其实，整个几何学只不过是由五个公理推演出来的：

公理 1 任意一点到另外任意一点可以画直线。

公理 2 一条有限线段可以继续延长。

公理 3 以任意点为中心及任意的距离可以画圆。

公理 4 凡直角都彼此相等。

公理 5 同一平面内一条直线和另外两条直线相交，若在某一侧的两个内角的和小于两直角的和，则这两条直线经无限延长后在这一侧相交。

真正的专家会利用这些公理、原理和定律来组织他们的知识，因为这些才是现象背后的本质规律。

再如，同样是产品经理，在做产品设计时，初学者会痴迷于收藏和保存各种工具或零散的小技巧，如怎样用 Axure 工具设计原型等。

而资深的产品经理会用原理和模型来组织知识，如产品设计的五层框架：战略层、范围层、结构层、框架层、表现层。工具和技巧都围绕这个五层框架来填充。

在以前，痴迷于收藏各种工具和小技巧的产品经理，好歹还有一些生存的优势，但随着 AIGC 大模型应用的日益普及，我们完全可以让大模型替我们完成这些工具和技巧做的事。

例如，为了画出产品示意的图片，在过去，产品经理需要学习并掌握专门的绘图软件。然而现在，只需要简单地用自然语言描述几句需求，文心一言就可以为我们快速生成相应的产品示意图片。

另外，以往产品经理需要熟练掌握 Excel 的公式或其他数据分析软件才能进行数据分析。但如今，通过 AIGC 大模型，我们可以轻松地分析出结果，并以专业图表的形式呈现出来。

因此，**按照本专业领域的主要原理和定律来组织知识**，不仅是整体性、调整性、转换性这三大标准的要求，更是你在 AI 时代不被职场淘汰的必然要求。

○ 基于职业目标的能力知识体系：锁定职业目标，内外兼修

基于职业目标的能力知识体系，是个人层面上最完整的知识体系框架。它不仅包括前两个知识体系框架（基于业务流程的知识体系框架、基于业务领域的专业知识框架），而且多了两个要求：

（1）增加了核心素质（如性格特征、优先习惯）、与专业无关的通用能力（如思维能力、人际沟通能力）。

（2）要求将所有的核心素质、通用能力、专业技能、必备知识围绕某个职位目标，整合为一个有机联系的整体。

这种个人能力知识体系的搭建，最关键的是以下两点：

（1）从实际的职位目标出发，根据职位要求构建知识体系。

（2）随着职位目标的改变，以及职位晋升，逐步修正这个能力知识体系，让它变得更完整，更有迁移性。

我的个人能力知识体系的建立，就是严格从职业目标和岗位要求出发构建，再随着职位目标的变化而逐步修正出来的：从程序开发到 ERP 实施顾问、管理咨询顾问、咨询总监，再到创业。

刚开始搭建个人能力知识体系时，可以参考表 2-2 中的一级分类和二级分类。它们相对比较完整，而且有着很强的调整性和迁移性。

表 2-2　个人能力知识体系框架示例

一级分类	二级分类	能 力 项	优 先 级	提能计划
核心素质	先天决定	性格特征	—	××××
	后天形成	意愿与动机	高	××××
		优先习惯	高	××××
通用能力	个体能力	思维能力	高	××××
		学习能力	中	××××
	团队能力	人际沟通能力	中	××××
专业技能	一般技能	Office 技能	中	××××
		项目管理	低	××××
	特殊技能	供应链优化	高	××××
必备知识	行业知识	物流行业	中	××××
	领域知识	财务	低	××××
		供应链	高	××××

更具体地，你也可以在 YouCore 公众号回复"1003"，查看"能力树"这篇文章（这篇文章被收录在《个体赋能》一书中，请你移步公众号进行阅读）。

如何借助各种工具（如印象笔记、OneNote）让知识体系框架落地，我们会在第 6 章中具体介绍。

总结

大脑不仅会沉淀学习经验，学习经验反过来也在持续地影响着大脑的结构，高质量的知识组织和利用方式，会在大脑里形成更高效的突触"连线图"，从而让我们的学习效率更高、效果更好；而低质量的知识组织和利用方式，会导致大脑学习效率下降。

那么，什么样的知识组织和利用方式才是高质量的呢？能将你的知识、经验、信念等组织成一个整体的个人知识体系框架，而且这个框架符合整体性、调整性、转换性三大标准，那么这种知识组织和利用方式就是高质量的。

学习的本质就是经验的迁移，这种高质量的个人知识体系框架能帮助你以更快的速度、更好的效果实现经验迁移。

在构建个人知识体系框架时，可以分为三个层次：

- 基于工作流程的知识体系框架。
- 基于业务领域的专业知识框架。
- 基于职位目标的能力知识体系。

每个层次的知识体系框架，都需要让其符合整体性、调整性、转换性这三大标准。如果能做到以上三点，那么你的学习就会效率倍增，你两年的经验就抵得上别人十年的经验。

学员感言

以前觉得大脑是固定不变的，现在发现其实它是可以改变的。框架，正是改变大脑的有效工具。

——学员 1

我初入社会，期望快速稳定，减少与前辈的差距。幸得构建个人能力知识体系框架之法，能以两年光阴比肩十年。这样，我就有望迎头赶上，实现超越！

——学员 2

书外求助

看完了这一章，有什么不清楚的地方吗？

想不想知道自己搭建的个人能力知识体系框架怎么样？抛出你的框架，让大家一起来评一评吧。或者，你也可以看看别人的知识体系框架是怎么构建的。

关注微信公众号 YouCore，发送"学习力"，即可入群获得书外求助。

第 3 章

做到可迁移，任何工作都轻松上手

我在 HP 工作期间，恰好赶上 IBM、HP、埃森哲这些 SAP（SAP 是目前世界最成熟的企业管理软件之一）主要的全球实施伙伴都大规模裁减 SAP 顾问团队。

在这波裁员潮中，这批拿着高薪、顶着光环的顾问却快速地分化成两个阵营：

一个是丢掉 SAP、快速找到新归宿的阵营，不但没有受到裁员影响，反而拿着裁员补贴、领着更高的薪资摇身一变成为某公司的副总、某集团的 CIO。

另一个是死抱 SAP、寻觅不到归宿的阵营，要么是不愿降薪屈就到客户公司做 SAP 维护，要么是客户嫌他们技能单一不愿高薪录用。

为什么平时薪资、职位相差无几的顾问，在这次裁员潮中表现迥异？

关键差别在于，对第一个阵营的顾问而言，**SAP 软件只是承载他们思维能力、业务水平的一个工具载体**；对第二个阵营的顾问而言，**SAP 软件是他们技能的全部**。

换句话说，第一个阵营的 SAP 顾问，他们的知识和技能是可迁移的，用在 SAP 也行，用在其他业务领域也行。第二个阵营的 SAP 顾问，他们的知识和技能是不可迁移的，只能依托在 SAP 软件上。但可惜的是，**靠一个专业技能干一辈子的时代，真的一去不复返了。**

第 1 节　做不到知识迁移，很容易被社会淘汰

假设时间倒回 1980 年，你以维修收音机为生，而且是本地水平最高的维修人员。请问在今天，你赖以为生的是收音机的维修知识或技能吗？

时间来到 2012 年，你是一名会计。识别假发票的专业特长、出具财务报表的娴熟技能让你在老板眼中有着不可或缺的价值。但随着国家税务总局大力推行电子发票、财务软件越来越智能地出具财务报表，在不久的将来会计工作全部自动化后，你过往的会计知识和经验还能作为你寻找下一份工作的资本吗？

今天，AI 的发展如火如荼，假如你是一名追踪热点新闻资讯的记者，在《福布斯》《纽约时报》等知名媒体越来越多的新闻资讯都是利用 AI 生成的潮流趋势下，仅靠着撰写新闻稿的知识和技能，你觉得离失业还有多远？

近两个世纪以来，人类社会一直在加速发展。相较于动辄上百万年才发生的自然演化，**社会变化是以年为单位的，速度是自然演化的上百万倍。**

想想自互联网诞生至今的 30 多年来，我们经历了多少次社会变迁，未来的 30～40 年，这种变迁只会越来越快，如图 3-1 所示。

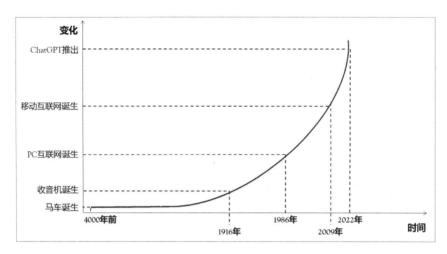

图 3-1　人类社会呈现指数式发展

计算机对世界的了解也在呈指数级提升，从 **2022** 年 **11** 月 **ChatGPT** 推出至今仅仅 **1** 年的时间，很多人对它的态度已经由不屑转为不安，在未来 **5 ~ 10** 年，大多数传统行业重新洗牌是个大概率事件。未来一切可被编程化的脑力工作，如会计、人事、初级律师、BI（商务智能）分析师、英语培训老师、围棋教练、政府低级职能人员，一定会被机器取代，而且机器肯定会做得比人类更好。

在 2023 年发布的一项国际合作研究中，美国和德国的学者们探讨了 AI 在会计领域的应用。他们的报告（*Can Artificial Intelligence Pass Accounting Certification Exams? ChatGPT: CPA, CMA, CIA, and EA?*）详细介绍了 OpenAI 的大语言模型 ChatGPT 4 在一系列美国会计类考试中的表现。这些考试包括美国注册会计师（CPA）、注册管理会计师（CMA）、注册内部审计师（CIA）和注册税务师（EA）。令人瞩目的是，ChatGPT 4 不仅完成了这些考试，而且平均得分达到了 85.1 分，显示了其在会计领域的强大实力。

因此，**无论你现在从事的是哪个岗位，都无法保证未来 5~10 年内这个岗位还会存在**。每个"70 后""80 后""90 后""00 后"，都会面临至少 3~4 次的职业变迁。

在这个呈指数级变化的时代，不具备知识和技能迁移能力的人，**很大概率会成为被社会淘汰的人。**

第2节 从近迁移到远迁移，层层递进

知识和技能的迁移能力，就是把在一个情境中学到的东西迁移到新情境中的能力。这种可迁移的能力，可大致分为近迁移和远迁移两种。

○ 近迁移：一技之长，处处通用

近迁移是你可以运用已有的知识和技能处理与之前情境类似的任务或问题。

具体到职场上，就是你在一个岗位上，可以把处理任务 A 所积累的知识和技能，迁移到类似的任务 B、任务 C 上。

例如，你为公司策划了一个空调产品的市场活动，做得还不错，如果再让你策划一个空气净化器的市场活动，你就可以将策划前一个市场活动的经验迁移过来，同样可以将这个新产品的市场活动策划好。

这类迁移需要的是整理出既通用又具体的流程框架和工具方法，这样在处理类似任务的时候，就可以快速地套用。

对近迁移而言，迁移的知识和技能的量越大，就代表着可迁移能力越强。因此，知识和技能的组织越体系化、越通用，迁移的效果就越好，因为这样知识和技能可迁移的量就越大。

○ 远迁移：不同岗位，同样出色

远迁移是指你可以运用已有的知识和技能，处理与之前经验发生情境大相径庭的任务或问题。

具体到职场上，就是你从一个岗位转到另一个岗位，或从一个行业跨到另一个行业后，已有的知识和技能可以快速迁移，让你快速胜任。

通俗地说，就是："今天你是一名会计，明天给你换岗做 HR，你可以复用在会计工作中萃取的能力完成新的工作；六个月后再给你换岗做市场推广，你依然可以复用在会计、HR 工作中萃取的能力。"

远迁移不仅仅是在表征结构类似的任务之间的技能和知识的迁移，更是在各种表征结构大相径庭的任务之间的迁移。要做到这一点，就必须抽象出一般规律上的联系。例如，同样做市场策划活动，积累的经验不仅仅是活动的策划步骤和工具，更包括如何挖掘客户需求这个本质。因此，你以后无论是跨行做产品经理，还是做互联网运营都可以干得很好。

与近迁移更注重迁移的量不同，对远迁移而言，迁移的规律越接近本质，就代表可迁移的能力越强。因此，你所能抽象出的规律越接近本质就越好，因为这意味着这个规律能解决的问题范围就越广，你所能跨越的岗位和行业的幅度就越大。

第3节　3大方法，做到知识和技能的可迁移

那么，如何才能提高近迁移的知识和技能的量，抽象出更本质的规律，扩大远迁移的范围呢？下面给出了3个方法。

○ 方法1　组织好先前知识和先前经验，不再从零开始

学习的本质是原有经验的迁移。没有人是如同一张白纸般开始学习新知识的，每个人都是带着已知道、已相信的知识来理解新知识的。

举个例子。在全球所有的科幻片中，绝大多数外星人都无一例外地长着

人的样子，哪怕有的外星人长着 8 只手、4 条腿，但都是脑袋、躯干和肢体的组合，无论如何都能看出人的外形。即便偶尔将外星人想象成虫子的样子，也一定要寄生在人的外壳中（如《星际之门》《黑衣人》等）。

这就是先前知识和先前经验对我们的影响，因为在我们的认识里，人是智慧生物的代表，因此我们想象的外星智慧生物也很难超脱出人形。

就像《鱼就是鱼》这本书里写的，一只青蛙给一条鱼描绘陆地上的人、奶牛、鸟儿，在鱼的想象中，就分别成了用尾巴走路的鱼、长着乳房的鱼、用鱼鳍当翅膀的鱼。

既然人人都是带着先前知识、先前经验在学习，那么知道自己带着哪些先前知识和先前经验，并且能组织成结构良好的框架的话，比起不了解自己，懵懵懂懂地开始新知识的学习，是不是更容易建立知识之间的联系，也更能实现知识和技能的迁移呢？

例如，你在决定学习互联网写作时，可以先不用急着去报各种写作班，而是将自己的先前知识整理一下。设想一下，如果要写出一篇在微信公众号上被人愿意看的文章，应该怎么写。

这时，你开始调用小学、初中、高中的语文知识：记叙文要有时间、地点、人物，最好要有跌宕起伏的故事情节；议论文要有鲜明的论点、逻辑清晰的论证、有说服力的论据；说明文要有明确的说明对象，采用总分总结构，按空间、时间、递进等说明顺序清楚地讲述。

将这些蒙尘多年的知识调用出来后，再去学习互联网写作，就会发现哪些是你原来就知道的，哪些是你原来知道但理解有偏差的，哪些是你原来不知道的。这样学习起来就更有重点和针对性了，花的时间更少，但理解得更深，而且与之前的知识建立了紧密的联系，以后再迁移到文案写作、工作汇报等方面，也就更容易了。

因此，先前知识和先前经验组织得越好，在学习新知识时花的时间就越少、理解得就越深刻，知识和技能的迁移就越容易发生。

那么，要怎么做才能将先前知识和先前经验组织好呢？

除了按照第2章介绍的构建三种类型的个人知识体系框架，你还要适当放慢速度，给自己留出整理先前知识、先前经验的时间。留出时间做知识整合，短期内看似多花了时间，但从长期来看，对知识和技能的迁移效果更好。

因此，相较于逼着自己不停地学习新东西，停下来，抽出几天时间用OneNote整理出自己的先前知识和先前经验，对你价值更大。在第7章中，我们会介绍OneNote的具体用法。

○ 方法2 在多样化的情境中而非单一情境应用

知识和技能的迁移能力，是把在一个情境中学到的知识和技能迁移到新情境中的能力。

因此，与在单一情境中学到的知识相比，**在多样化的情境中学到的知识，更有利于迁移**。因为，在多样化的情境中学习：

（1）你能够知道更多可以使用这个知识的情境；

（2）你可以体会到在不同情境中知识运用结果的差异，从而条件化知识。

假如你是做软件开发的，你和公司一名做销售的同事一起参加了一场表达培训，其中传授了一个表达技巧：说话要观点先行，然后用1、2、3分条阐述。

你用了这个方法后，发现跟老板汇报工作时，效果明显好了很多，不再像以前那样，明明做了 10 分，老板眼里却只能看到 6 分。在之前的情况下，你几乎看不出那种表达方式到底有何问题。

但当你因为汇报出色，被提升为开发经理后，老板安排你去辞退某名下属时，你知不知道如何迁移这个表达技能，才能让这名同事心服口服地接受辞退呢？

你很有可能不知道如何迁移，但做销售的那位同事很有可能就知道。

因为她除了经历过给领导汇报工作这个情境，还经历过跟客户交流的各种情境，以及协调供应商资源的情境，因此她很快就能发现，这种表达方式缺少一定的含蓄性。

例如，在跟客户交流的时候，她总不能一坐下就说："今天我主要是来谈合同价格的，我希望能不降价。我的理由有三点……"

相较于你应用的单一情境，她的应用情境更多样化，因此她更容易知道在哪些场合下使用这个表达技巧，在哪些场合下这个表达技巧更适合做些调整。

那么，如果受限于工作岗位，如何创造多样化的情境，促进迁移呢？有以下两个途径。

1. 解决多个不同的具体案例

以做菜为例，要真正做好麻婆豆腐，就要分别做给不同的人吃，最好这几个人口味还不太一样，这样你才能真正领悟做好一盘麻婆豆腐的精髓。

在学习新知识和新方法的时候，不要只用一个例子。至少要在三个具体例子中使用，最好这三个例子还能有一定的差异性。

例如，个人情境下怎么用，团队情境下怎么用，协助别人完成的情境下又怎么用，等等。

2. 采用"如果—怎么办"策略

还是以烧麻婆豆腐为例。之前都用超市里专门的麻婆豆腐调料，但如果没有这个专门的调料，该怎么做呢？

在学习时也如此，尝试改变问题的部分条件后，再给出解决方案。

例如，在学习了某个"如何调研"的方法后，你就可以修改一个条件"如果某个关键客户工作很忙，一直约不到时间怎么办"。通过修改条件再应用所学知识，就能更好地建立条件化的应用，也更容易在不同情境下做迁移。

○ 方法3 对知识做更高层次的抽象，治大国若烹小鲜

迁移分为近迁移和远迁移，远迁移的关键就在于能否对知识做更高层次的抽象，从而能在更广泛的范围内使用。

> 我们公司原来有个小姑娘，开始是在公司实习的，但因为表现不错，就转正做顾问招生咨询了。虽然她大专刚毕业，但招生咨询确实做得很棒。在2015年7月到2016年6月这一年里，平均月薪能拿到1.5万元，她那些上了重点大学的高中同学都对她美慕不已。
>
> 但因为公司业务调整，将顾问培养业务挪到了沈阳的基地，而她因为不愿意去东北，所以就转做另一个产品的销售了。
>
> 虽然她依然很努力，也很想做好，但表现一落千丈。
>
> 除换了产品这个客观因素外，最大的问题就在于她总是停留在原先的销售话术里，无法将原先招生咨询的经验做更高层次的抽象，提炼为如何识别用户、如何挖掘用户需求，以及如何打动用户的一般经验。

但与她同部门的另一名同事，就能够做到从更高层次抽象出自己的经验，并且运用在了新产品上，现在依然是公司的明星职员。

怎样才能锻炼出更高层次的抽象能力呢？下面是两个行之有效的做法。

1. 将多个具体的案例概括、抽象为问题类型

例如，烧了麻婆豆腐、鱼香肉丝、宫保鸡丁之后，是不是能概括出川菜的一个通用烹饪方法？

就像你在第 2 章中学习到的方法，如果能将各种问题概括为不同的问题类型，并且针对每一种问题类型抽象出一般的问题解决步骤，是不是就有了更好的、可迁移的解决问题能力？

2. 从更本质的原理、规律出发去思考问题

将问题概括为不同类型的方法是一种自下而上的方法，还有一种自上而下的方法：从更本质的原理出发去思考问题，这样就更容易抽象出更本质的规律。

例如烧菜，讲究色、香、味，如果能从化学反应的角度来看待做菜，那么不管是川菜、粤菜、淮扬菜，还是鲁菜，做起来都会得心应手。

在学习财务的时候，如果能更多地从"资金的价值流理论"，以及"资金的权利流理论"出发来思考工作中遇到的各种财务问题和方法，就更容易看透财务的本质，从而抽象出企业运营管理的一般规律，也就更容易升迁到财务总监，甚至从财务总监升迁到总经理或总裁的位置。

总结

从今往后的社会，靠一个技能可以干一辈子的工作应该是一去不复返了，每个人

至少都要经历3~4次的职位变迁。

这就意味着，我们光靠重复已有的知识和经验，将难以在以后的社会中生存，这就逼着我们不得不具备知识和技能的迁移能力，特别是在职场上，要同时具备**近迁移能力**（要做到可以把处理任务A所积累的知识和技能，迁移到类似的任务B、任务C上）和**远迁移能力**（从一个岗位转到另一个岗位，或者从一个行业跨到另一个行业后，已有的知识和技能可以快速迁移，让你快速胜任）。

要具备这个可迁移能力，就要做到以下三点：

- 组织好先前知识和先前经验，不再从零开始。

- 在多样化的情境中而非单一情境应用。

- 对知识做更高层次的抽象。

做到了上面三点，你的学习将达到融会贯通的境界，让你在面对任何工作时都能游刃有余。

学员感言

时代瞬息万变，从大数据到AI，未来的发展难以预测。许多工作正逐渐被机器取代，不再有固定的"铁饭碗"。为了应对这一挑战，提升个人的可迁移能力变得至关重要。

——学员1

知识的可迁移能力与举一反三相仿。曾羡慕他人举一反三的智慧，认为那是天资聪颖。如今明白，只要方法得当，每个人都能做到举一反三，拥有可迁移能力。

——学员2

📩 书外求助

看完了这一章，关于可迁移能力还有什么疑惑的地方吗？

例如：我做的都是事务性的工作，如端茶、倒水，这些怎么做到可迁移呢？

关注微信公众号 YouCore，发送"学习力"，即可入群获得书外求助。

技巧篇

第4章

阅读技巧，彻底提高阅读水平

当你的朋友向你推荐一本好书时，你心里期待，迫不及待地查看该书的简介和书评，感叹相见恨晚。于是你果断将它加入购物车，甚至还多买了两本。付款成功后，你兴奋不已，急切地盼望快递员能立即送达。

然而，当书终于到达时，由于手头的事务繁忙，你暂时将其搁置。心里想着一定要找个时间，静下心来好好阅读，甚至还要做笔记。

但现实是，你一直没能抽出时间。直到某天收拾桌子时，你才突然发现还有三本书尚未阅读。

你是否曾经因为对一本书的热爱和期待，而急切地想一睹为快，但因为忙碌的生活和工作，而迟迟尚未阅读呢？

或者，你周末收到了书，正好手头也没事打扰，于是你翻开了书，每一页都能引发你的共鸣，让你拍案叫绝。一口气读完后，你全身心都得到了满足，你迫不及待地想与所有认识的人分享。

然而，激情退去后，几天的时间里，你的感动逐渐减少。慢慢地，你忘记了书中的内容，甚至开始怀疑你是否真的读过这本书。直到某天再次看到它的名字，你才恍然大悟。

好不容易找到时间，又遇到一本好书，却只留下一时的感动和无尽的遗憾。这是否让你感到惋惜？

又或者，你是否常常感到有许多必须阅读的图书和资料，却始终无法完成？或者虽然阅读了很多图书，但能应用到实践中的却少之又少？

如何解决这些问题？如何做到无论多忙都能及时看完想看的书？如何让精彩的内容长久留存于记忆中？如何做到短时间内阅读大量图书并学以致用？

答案就是掌握一套高效的阅读方法。

关于高效阅读，尽管已有许多分享，但普遍存在两大缺陷：

（1）大部分方法停留在传统的纸质阅读时代，未能充分利用现代技术工具来提高阅读效率。例如，20 世纪 40 年代出版、70 年代再版的《如何阅读一本书》就代表了这一时代的阅读方法。

（2）大部分分享者侧重于浅阅读，尤其是社科类和科普类读物。然而，对深层次阅读和如何将阅读内容应用于实践，却很少有能够清晰解释的方法。

YouCore 从其丰富的实践经验中提炼出的 4 大阅读理念和多重阅读法，有效地弥补了上述两大缺陷。

第 1 节　4 大阅读理念，不只读得快，更能记得深、用得好

要做到不只读得快，还要将读到的内容记得更深、用得更好，首先要掌握 YouCore 超速阅读的 4 大阅读理念。

理念 1　带着目的阅读才能学以致用

阅读目的大致分为两类：一类是娱乐和打发时间的，如阅读网络奇幻小说、言情小说、历史小说等；另一类是学习和应用的，如阅读《德鲁克管理思想精要》《思维力：高效的系统思维》《易经》等。

YouCore 超速阅读适用于以学习和应用为目的的阅读。关于以娱乐为目的的阅读，你想怎么读就怎么读。既然是娱乐，自己觉得舒适就行，没必要学习别人，就像你不会花时间去学习如何赖床睡懒觉吧（如果会的话，请联系我，容我当面对你的严谨表示敬意）。

既然是以学习和应用为目的，那么，如果能做到以下三点，阅读效率是否会提高呢？① 围绕这个目的选书；② 做阅读前的准备；③ 阅读过程中锁定与目的有关的内容。

带着目的阅读，就像带着查询"森"字怎么念的目的来查《新华字典》一样，一两分钟就能得到自己想要的答案；不带着目的阅读，就像盲目地翻阅《新华字典》一样，多花 100 倍、200 倍时间，最终可能什么都没记住。

因此，在开始阅读前，如果认真想好你的阅读目的（最好能写下来），你的阅读效率就能立刻翻倍。

理念 2　第二遍永远比第一遍更容易理解

你有没有这种感觉？你去一个陌生的地方，去的时候一般会觉得路途很远，左转右拐，自己都被转晕了。但回来的时候，路途好像变短了，路况也没那么复杂了，不就是"前面路口左转，走到头再右转"嘛。

读书同样如此。读一本书时，第二遍的理解程度会远远高于第一遍。因此，你越是想认真阅读的书，越要快速浏览完第一遍，这样当你第二遍认真阅读的时候，理解程度才会更深。

这里要特别提醒的是，第一遍一定要克服怕看漏了的心理，应保持一定的阅读速度，大约是书店翻看一本书值不值得买的速度的一半。遇到看不懂或不感兴趣的地方，可以适当跳过。至于为什么，我们在本章第 2 节"多重阅读法，用更少的时间彻底吸收一本书的精华"中会详细解释。

○ 理念 3 阅读后回忆，效率更高

很多人在学习的时候，如听视频课的时候，不喜欢停下来做章节自测，而喜欢一口气都看完。

阅读也是如此。不喜欢停下来做章节的内容提炼，而是一股脑往下看，直到看完或看累了为止。

这种学习和阅读的方法非常低效。

无论是艾宾浩斯发现的遗忘曲线现象还是生物学上的神经元解剖实验都已经充分证明，短时记忆需要经过一定的间隔重复才能固化为长时记忆，而短时记忆在发生后的 1 小时内记忆量会急速下降，也就是说，如果在 1 小时后再重复，大量被忘记的学习内容就需要重新学习了，这就会导致吸收效果和阅读效率大大降低。

因此，在阅读时，每隔一段时间就要停下来，用自己的语言回忆下刚刚这段时间阅读到的内容，这样做一是有助于强化大脑的记忆，二是能发现记忆不牢或理解不清的地方。

○ 理念 4 按自己的框架重新组织阅读内容才能理解得更深

假设我从菜市场给你买回来四个西红柿、三两肉、两个鸡蛋、两个大土豆，现在要你用这些材料准备好两个人的午饭（佐料齐全），你会怎么做？

我相信有人可能做成西红柿炒蛋、土豆炒肉丝；也有人可能做成酸辣土豆丝、西红柿肉汤、荷包蛋；还有人可能做成了土豆泥、西红柿蛋汤、土豆肉丝。

你阅读一本书的过程，就像做饭一样。有的作者可能只提供了食材，你需要根据你的阅读目的将这些食材搭配成不同的菜；有的作者可能是按西红柿炒蛋、土豆肉丝写的，你需要从你的阅读目的出发重新搭配成酸辣土豆丝、西红柿肉汤、荷包蛋。

在第2章中，你已经知道知识是主观的，你构建的个人能力知识体系框架不同、理解程度不同，你所认知的世界就不同。

因此，在阅读的时候，如果能从自己的阅读目的出发，按自己的框架重新组织阅读内容，那么你对所阅读材料的理解就会更深刻，也更容易学以致用。

第2节　多重阅读法，用更少的时间吸收一本书的精华

掌握上述4大阅读理念后，你便具备了成为一名阅读高手的基石。

接下来，我们进入具体的阅读实操阶段。

我们将学习 YouCore 独家开发的多重阅读法。通过这种阅读法，我们将综合运用上述4大阅读理念，以阅读一本具体的图书为例，进行实际操作。

多重阅读法，顾名思义，就是要进行多遍阅读，但多遍阅读不是简单的多读几遍，而是有很多的诀窍和技巧的。你读两遍（哪怕三遍）所花的时间都比你读一遍要少，而且对阅读材料的理解和掌握程度更是不可同日而语。

简单来说，多重阅读法就如同石油勘探一样。石油勘探人员通常通过普查、详查和细测三个步骤进行地质调查。

（1）普查阶段是找出可能含有石油的地区和范围。多重阅读法通过画出框架来明确阅读范围。

（2）详查阶段是勘探人员进一步验证普查中认为有希望的地区，从而选出更有力的含油构造地区。多重阅读法的变速阅读，就是为了选出需要重点精读的内容。

（3）细测阶段是为了确定含油构造，并编制出精确的构造图以供钻探。多重阅读法的重点精读，就是要将阅读内容纳入个人知识体系中，将其转化为自己的理解和知识，以便在需要的时候顺畅地调用。

下面我们以阅读《思维力：高效的系统思维》为例，演示这种高效的阅读方法。多重阅读法总共四个步骤：① 明确目的；② 画出框架；③ 变速阅读；④ 重点精读。

○ 步骤 1　明确目的

这个步骤要求你带着明确的目的开始阅读。这样既能选出合适的图书，又能确保阅读的高效性。

如果你对阅读主题有所了解，可以在阅读之前思考：**如果是我写这本书，我会怎么组织观点呢？**

在开始阅读《思维力：高效的系统思维》之前，你可以先不翻开书，而是从你的阅读目的出发，设想一下你会如何编排目录。你可以按照解决问题的思考步骤来组织，或者按照一个个思考工具来组织，或者按照不同的问题类型来组织。

通过这一步的思考，你再翻开这本书，与你什么都不想就直接翻开书相比，阅读的主动性和理解程度将大大增强。

○ 步骤 2　画出框架

在确定好阅读目的并经过初步思考后，就可以浏览书的封面、腰封（如果有的话）、作者简介、目录、前言等。

这一步有两个目的：① 让大脑对本书内容形成一个整体印象，从而提高阅读效果；② 利用这些信息，从你的阅读目的出发，构建一个整体的阅读框架，以便在阅读时重点突出，避免陷入细枝末节中。

全面吸收一本书的内容，就像穿过一片森林到达对面的马路一样。如果你不管不顾，一头扎进去，很可能会在森林里绕圈子，无法到达马路（达不到阅读目的），或者需要花更多时间才能到达（阅读效率低）。

但是，如果你在进入森林之前先从外面整体观察一下（浏览封面、作者简介、前言、目录），了解马路的整体情况，这样你就能知道森林里的大致方向，避免在森林里绕圈子（保证阅读效果）。

如果你还能从阅读目的出发，在浏览封面、作者简介、前言、目录后，构建一个整体的阅读框架，就像你拿着地图进入森林一样，这样你的阅读效率会更高。

下面以阅读《思维力：高效的系统思维》为例。

假设你的阅读目的是想掌握一套完整的解决问题的方法，在浏览了封面、作者简介、前言和目录后，你就会发现这本书就是按解决问题的步骤组织的。因此，你可以根据目录画出阅读框架。这个阅读框架不是要照抄目录内容，而是要用自己的语言提炼出关键字或关键词，如图4-1所示。

这里给你一个小建议，如果条件允许的话，我建议你使用电脑来绘制这个阅读框架。这样做有两个优点：一是制作效率高；二是随着后续的多遍阅读，扩充和修改起来更方便。

如果条件不允许的话，在纸上绘制也是可以的，虽然没有电脑上的方便，但相较于不绘制阅读框架，效果要好很多。

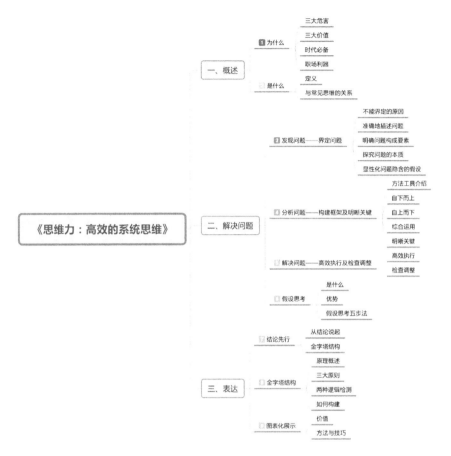

图 4-1 《思维力：高效的系统思维》阅读框架示例

○ 步骤 3 变速阅读

在完成步骤 2，画出阅读框架后，就可以开始进行第一遍阅读。

在第一遍阅读时，建议采用泛读的方式。阅读速度不应一成不变，而应采取变速的阅读方式，根据不同的内容采用不同的阅读速度。

1. 与阅读目的不相关的内容

这部分内容在阅读时可以跳过。如果你担心以后会用到，又不记得在书中的位置，那么可以在步骤 2 中画出的阅读框架中做个标记。

例如，在阅读《思维力：高效的系统思维》时，如果你的阅读目的是学习一个完整的解决问题步骤，那么书中关于表达的内容就可以跳过不读。但如果你担心以后会用到，那么可以在阅读框架中做一个简单的标记，方便后续快速找到相关内容，如图 4-2 所示。

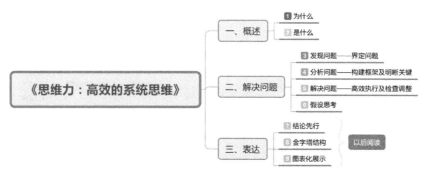

图 4-2　阅读框架中的简单标识

2. 与阅读目的相关，但你已经很熟悉的内容

在阅读这部分内容时，应以自己能达到的最快速度进行浏览。只需留意其中是否有值得借鉴的个别要点，但不要花费大量时间去仔细阅读。

很多人在读书时，会习惯性地反复阅读自己熟悉的内容，因为这让他们感到舒适和轻松。然而这种阅读习惯实际上是一种低投入产出比的行为。

例如，在阅读《思维力：高效的系统思维》时，如果你已经对 5W2H 的使用方法很清楚，那么第 3 章第 2 节的内容只需要快速浏览，留意是否有你要点或启发，而不需要花费太多时间去仔细阅读。

3. 与阅读目的相关，但是你不熟悉的内容

在第一遍阅读这部分内容时，应恢复正常的阅读速度。

在每一章或每阅读 10 分钟之后，应停下来，离开书本，在脑海中回忆刚刚阅读过的内容，然后将你能回忆出来的内容添加到阅读框架中。

在添加回忆内容时，有个小技巧，就是先将所有你能想起来的内容添加进来，能想起多少算多少。然后，再花 1~2 分钟翻阅刚刚读过的内容，补充上遗忘的内容。

这样做的原理可以参考本章第 1 节"理念 3 **阅读后回忆，效率更高**"。

例如，你在阅读《思维力：高效的系统思维》第 3 章"界定问题"时，如果发现这部分是解决问题的第一个关键，之前基本没有意识到，而且这部分内容容易理解，那么就可以按照正常的阅读速度仔细阅读。

阅读完这一章后，应停下来，在脑海中回忆刚刚阅读过的内容，再添加到步骤 2 中画出的整体阅读框架中，如图 4-3 所示。

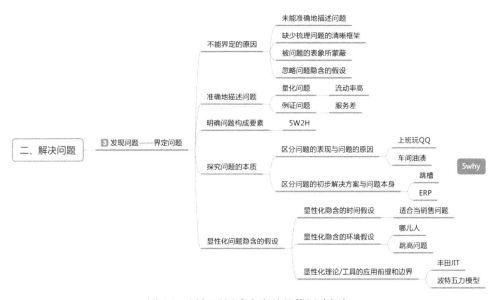

图 4-3　添加了阅读内容的整体阅读框架

4．与阅读目的相关，但第一遍理解起来很难的内容

在阅读不熟悉的内容时，如果遇到理解起来很难的内容，可以在第一遍阅读时标记下来，先大致翻看，并在脑海中留下印象。这些不理解的内容是第二遍阅读时需要重点关注的，不用担心会漏掉关键内容。

当全书通篇阅读完毕后，再进行第二遍阅读时，你就会发现一个神奇的现象：**原本觉得很难的内容现在看起来变得简单了**。这个原理可以参考本章第1节"理念2 **第二遍永远比第一遍更容易理解**"。

例如，以《思维力：高效的系统思维》第4章第2节为例，如果你发现归纳和演绎的逻辑顺序理解起来有点困难，可以先大致翻看这部分内容，了解共有四种逻辑顺序，然后在阅读框架中加上关键要点分支，如图4-4所示。

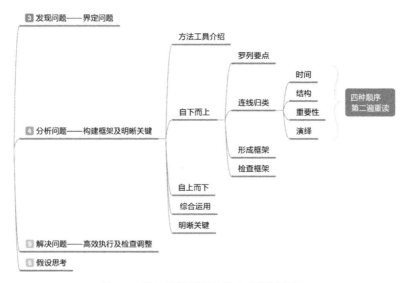

图4-4 添加了关键要点分支的阅读框架

按照变速阅读的方式完成第一遍泛读后，你的阅读框架会变得更加丰满和完整，如图4-5所示。

在开始第二遍阅读之前，你还需要做一件事，那就是在阅读框架中标识出哪些内容是不需要读的，哪些是以后需要读的，以及哪些是需要重点阅读的内容，如图 4-6 所示。

图 4-5　完成变速阅读后的整体阅读框架

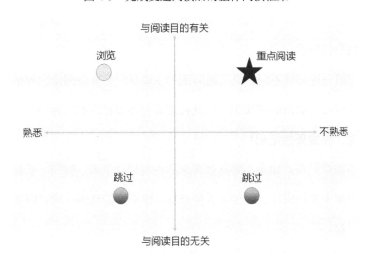

图 4-6　对阅读内容分类标识

标识好后的阅读框架如图 4-7 所示。

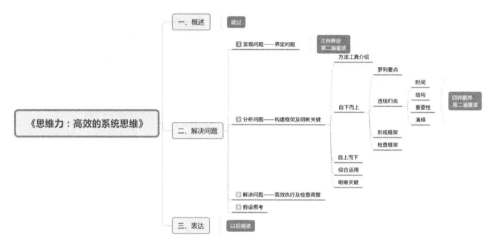

图 4-7　标识好的阅读框架

○ 步骤 4　重点精读

在第二遍阅读时，我们不需要将所有内容都重新阅读一遍，而是要重点精读符合阅读目的且自己不熟悉的部分。

再次提醒，要克制住自己反复阅读已熟悉内容的冲动，否则既浪费了阅读时间，又不会有任何新的收获。

而且，与第一遍阅读不同，第二遍阅读的主要目的是要将阅读内容纳入自己的知识体系中，变成自己的理解和知识，以便在需要时能够被顺利地调用。因此，**在第二遍重点精读时，你需要做笔记！**

好记性不如烂笔头。如果不将这些详细的内容记录下来，时间一长就会忘记。只记录在阅读框架中也没有用，因为不方便查找，也不可能每隔一段时间就将阅读框架拿出来复习一遍。

因此，最好的方式是在第二遍重点精读时将这些内容记到笔记里，而且一定要体系化地组织这些内容（推荐使用 OneNote，第 6 章会具体介绍这个工具的使用方法）。

如果你对某个领域是第一次学习，还没有建立个人知识体系框架，暂时也没有个人的理解，就可以先把书的目录作为你初始的知识体系，随着以后阅读更多图书、有了更多实践之后，再做更新。

如果之前已经建立了个人知识体系框架，或者有自己的理解，就要将书的内容打散，重新按照你的知识体系框架填充到对应的位置，这样这本书的内容就转变为你自己的知识和理解了。

以《思维力：高效的系统思维》为例，假设在第二遍精读时，会重点阅读"界定问题"和"四大逻辑顺序"的内容，就不需要再照抄图书的组织顺序，而是可以分别将它们填充到你个人知识体系框架的对应位置中（小提醒：第一遍阅读的时候，所有内容都是记录在阅读框架中的，没有做笔记）。

只重点精读自己不熟悉的部分，同时将阅读内容重新组织进个人知识体系框架中，通过这种做法，就能以更少的阅读时间提炼出更多对你有价值的知识。

完成第二遍阅读后，如果需要，还可以进行第三遍、第四遍阅读。但要记住：只**阅读你未彻底理解的，或者在应用上碰到疑问的内容**。千万不要再从头到尾阅读一遍。如果忍不住这么做了，就会发现哪怕读一万遍，还是只熟悉你熟悉的内容，难点的内容依然是难点。

至此，你已经完成了多重阅读法的运用。

多重阅读法一共包含四个步骤，每个步骤都有自己的目的和侧重点。

（1）明确目的。在开始阅读前，需要明确阅读目的。这一步骤的核心目的是建立主动阅读的意识。高质量图书的信息量通常很大，而且可以从多个角度进行解读。如果不明确阅读方向，可能导致在阅读时迷失，缺乏有效的输出。

（2）画出框架。在浏览封面、书腰、前言、目录后，需要开始构建整体框架。这一步骤的目的是厘清阅读的主要脉络，形成整体概念，有助于理解和记忆，同时避免迷失在段落细节中。尤其是在某些书自身逻辑不太清晰的情况下，这一步更加重要。

（3）变速阅读。通过变速阅读，进一步厘清脉络，形成初步理解，并抓住重点内容。根据不同的内容采取不同的阅读速度：与阅读目的无关的内容可以跳过；熟悉的内容可以快速浏览；难以理解的内容大致看一遍；与目的相关且不熟悉的内容需要仔细阅读。

（4）重点精读。这一步骤的目的是将阅读内容转化为自己的理解，并融入自己的知识体系中。只精读与目的相关且自己不熟悉的内容，并按个人知识体系框架来记笔记。

○ 本节练习

一个好的阅读方法，看上 100 遍，不如自己动手做上一遍。

本节留给你的练习是：采用多重阅读法，自己阅读《思维力：高效的系统思维》（千万别忘了在阅读前明确阅读目的）。

关注微信公众号 YouCore，发送"学习力"，即可入群获得书外求助。

第 3 节　用多重阅读法读多本书，让作者强强联手

了解多重阅读法读一本书的四个步骤，就像掌握了与作者高效交流的技巧。然而，对于某些阅读目的，如提高团队执行力，仅阅读一本书是不足够的。为了更全面地理解并达到阅读目的，我们需要阅读多本图书。特别是对于不熟悉的主题，更需要同时阅读不同作者的作品。

为什么呢？

在阅读多本图书时，我们需要注意每个作者可能受到自身视野和经验的局限，导致其作品与客观实际存在偏差。由于我们在某些主题上经验不足，可能难以识别这些

偏差。因此，我们需要同时阅读多个作者的图书，以便得出相对客观和完整的认知。

当不同作者在书中持有不同观点或理论时，这往往意味着该主题是重点或难点。通过弄清楚这些差异和分歧，我们可以更深刻地理解该主题。同时阅读多本图书就像组织一群人进行讨论或开会，每个参与者都有自己的见解和观点，通过集思广益，我们可以更全面地了解问题并找到最佳解决方案。

接下来，我们将通过一个具体的阅读案例来演示如何运用多重阅读法阅读多本图书。

○ 步骤 1　挑选多本图书

例如，某位同学在阅读目的（如何从人脉入手实现个人价值放大）明确的情况下，选择了《个体赋能》和《他人的力量》这两本书进行深入阅读。

○ 步骤 2　画出阅读框架

在阅读《个体赋能》这本书时，该同学运用多重阅读法的步骤 2，即通过阅读封面、腰封、序言和目录，画出了本书的目录框架，如图 4-8 所示。

图 4-8　《个体赋能》目录

在阅读《个体赋能》时，该同学仅选取了第五章的内容，并基于自己的阅读目的初步构建了阅读框架，如图 4-9 所示。

这一做法是有效的，因为它有助于集中精力深入挖掘与自己阅读目的相关的内容，避免无效的阅读和信息过载。

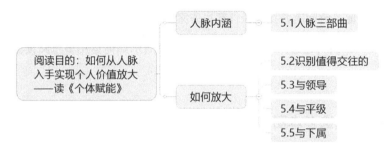

图 4-9　第一本书的阅读框架

这个阅读框架有两个细节需要注意：

1. 最左侧节点的写法

基于阅读目的，将书名附注在阅读目的的下方。

在同时阅读多本书时，即使一开始对这个主题没有任何了解，也可以采用第一本书的目录作为阅读框架。在最左侧节点写上阅读目的，而不是书名，这样可以明确整个知识体系的构建是来自多本书的融合，而不仅仅是一本书。

2. 阅读框架第一层的构建方法

在构建阅读框架时，第一层可以基于自己的阅读目的进行设计。例如，如果阅读目的是"如何从人脉入手实现个人价值放大"，那么可以按照"是什么""怎么做"来构建框架。这种"what-why-how"的通用思路是一个很好的起点，能够帮助读者快速了解主题的基本概念和方向。

然而，随着对主题的了解加深，阅读框架也可以相应地进行调整和深化。例如，在阅读《思维力：高效的系统思维》这本书时，可以将思维方法归类为"收敛思维、发散思维、水平思维、系统思维"，这样的框架相较于"what-why-how"更为深刻，能够更全面地涵盖思维的不同方面和层次。

○ 步骤 3　变速阅读第一本书

运用多重阅读法步骤 3 变速阅读的方法，标出需要重点精读的内容。《个体赋能》第五章变速阅读后的框架如图 4-10 所示。

图 4-10　第一本书变速阅读后的框架

在"人脉内涵"下，填充了"5.1 就是这个公式，决定了你的人脉"的内容；在"如何放大"下，展开了 5.2~5.5 节的内容。同时，做了是否需要重点精读的标记。

○ 步骤 4　融入第二本书到阅读框架

按照多重阅读法，在阅读单本书时，接下来我们就应该进入步骤 4：重点精读。仔细阅读第一本书《个体赋能》需要重点精读的部分，然后将笔记记录到 OneNote 中。

如果你已经在 OneNote 中构建了相应主题的知识体系，就可以直接进入第一本书的重点精读，更新完 OneNote 笔记后再开始读第二本。如果没有构建过这个主题的知识体系，就先不要重点精读第一本书，而是继续翻开第二本书，优化好阅读框架后，再分别进入两本书的重点精读。

具体操作方法是：基于你的阅读目的，以第一本书变速阅读后的框架为基础，将第二本书的目录内容融合到这个框架中。

以阅读《个体赋能》和《他人的力量》这两本书的同学为例，他在阅读第二本《他人的力量》时，由于还不熟悉如何与第一本书的阅读框架融合，所以他采用了一个简单的方法：从同样的阅读目的出发，先画出《他人的力量》这本书的阅读框架，并做了一遍变速阅读，如图4-11所示。

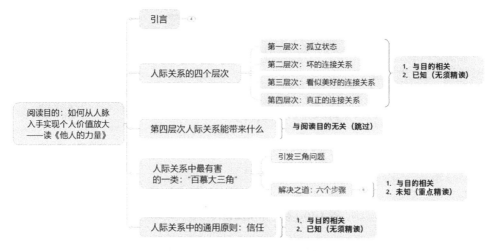

图4-11　第二本书的阅读框架

在这个框架中，与阅读目的有关的是"人际关系的四个层次"，以及"解决有害人际关系的六个步骤"，其中"人际关系的四个层次"是自己已知的，需要精读的是"解决有害人际关系的六个步骤"。

完成这一步后，他将两本书的框架基于阅读目的融合为一个框架，如图4-12所示。

人脉内涵

值得交往的是能帮助你的

融合自《他人的力量》

第一层次：孤立状态

5.2识别可交往的

第二层次：坏的连接关系

如何放大

如何找到

第三层次：看似美好的连接关系

第四层次：真正的连接关系

阅读目的：如何从人脉
入手实现个人价值放大
——读《个体赋能》

5.3与领导

5.4与平级

5.5与下属

融合自《他人的力量》

指出问题所在

订立规则或契约

解决有害人际关系
之道：六个步骤

实战部分的应对

好好接收反馈

培养技能

做个明智的人

图 4-12　两本书融合的阅读框架

"人际关系的四个层次"融入了第一本书《个体赋能》"5.2 识别可交往的人"下面；"解决有害人际关系的六个步骤"作为一个新的一级分支，加在了第一本书的阅读框架里。

这里我必须强调一下，完整画出第二本书的阅读框架并非必要的步骤，这只是一个在你刚开始练习多重阅读法时，为了降低难度而采取的过渡措施。

一旦对多重阅读法掌握得更加熟练，你就应该直接在第一本书的阅读框架基础上，融入第二本书、第三本书的内容。

○ 步骤 5　重点精读

当两本书的框架融合完毕后，下一步就是将"如何从人脉入手实现个人价值放大"的框架转化为 OneNote 的页面目录。同时，将重点精读的内容及时更新到 OneNote 中。

如图 4-13 所示，我们以示例同学的笔记为例，他将这部分内容放在了【可迁移】笔记本的【沟通能力—人脉积累】下面。至于具体的 OneNote 笔记内容，我就不再一一截图演示了。如果你对这部分内容感兴趣，我建议你自己去阅读这两本书，亲自感受和实践多重阅读法，相信你会有更深入的理解和收获。

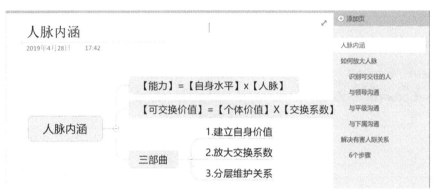

图 4-13　OneNote 笔记示例

通过这五个步骤，运用多重阅读法同时阅读多本图书，将为你带来以下三大价值：

首先，你能够迅速构建一个特定主题的知识体系框架，从而大大提高学习新知识的速度。

其次，随着你对同一主题内容的不断阅读和积累，你需要的增删内容会逐渐减少，阅读速度也会逐渐提高。

最后，随着你阅读更多同一主题的内容，即使是碎片化的时间或信息输入，你的主题知识体系也会逐渐变得更加完善。

总结

你已经完成对 YouCore 4 大阅读理念、多重阅读法的学习。

你一定已经发现，其实多重阅读法就是对 4 大阅读理念的运用：

- 理念 1　带着目的阅读才能学以致用
- 理念 2　第二遍永远比第一遍更容易理解
- 理念 3　阅读后回忆，效率更高

● 理念 4　按自己的框架重新组织阅读内容才能理解得更深

多重阅读法就像石油勘探，能够帮助你系统地吸收图书的内容，构建出相对完整的知识体系。通过同时阅读多本图书，你可以根据不同的阅读目的建立自己的框架，并将书中的知识融入自己的 OneNote 知识体系中。

除此之外，还有一种阅读方法没有介绍，那就是逐字逐句的阅读。有些经典文献并不适合快速阅读，而是需要一字一句地细细品味，如《易经》《金刚经》《论语》等。不过，这种阅读方法其实与朗诵相似，相信你已经掌握了这种方法。

最后，我想再次强调，阅读方法不同于学习策略，仅仅知道原理是不够的。要想真正掌握这些方法，你需要找几本书来实践一下。通过实际操作，你将能够更好地运用多重阅读法，提高自己的阅读和学习效率。

学员感言

以前，我曾害怕读书，因为读书速度实在太慢，一个月都读不完一本，逐字逐句地看，生怕错过任何一句金句。现在我明白了，这样的读书方式既慢又无效。幸亏我学会了 YouCore 阅读法，从此不再害怕读书。这种阅读方法让我能够快速理解核心内容，提高阅读效率，减少错过重要内容的担忧。现在，我已经能够享受阅读的乐趣了。

——学员 1

我从小到大读了很多书，但我一直都是采用一种方法来阅读，那就是从头翻到尾。我从来没有想过，根据不同的目的，读书的方法会有所不同。现在回想起来，如果能早一点知道这些不同的读书方法，我可能会收获更多。

——学员 2

↘ **书外求助**

看完了这一章，有没有将书中的阅读方法用起来？使用中遇到了什么问题吗？

例如，想不想知道自己的阅读笔记怎么样，让大家评一评，看看还有哪些提升的地方。

或者，想不想看看别人的阅读笔记是什么样的。

关注微信公众号 YouCore，发送"学习力"，即可入群获得书外求助。

第5章

理解技巧，让知识掌握得更好

第1节　所有的知识，都可归为这4类

人类自诞生到现在，已经积累了海量知识，这些知识的种类非常复杂，包括诗歌、文化知识、历史事件、操作指引等。

虽然对这些知识的分类还没有统一的标准，但在激烈的争论中，有一些分类方法得到了广泛的认同。其中，美国著名教育家布卢姆提出了4大知识类别：事实性知识、概念性知识、程序性知识和元认知知识。

为了更好地理解这些知识，我可以举一个简单的例子，如图5-1所示。

图 5-1 　《白毛女》戏剧

当你学习《白毛女》这部戏剧时，你可以有 4 种学习方法。

第 1 种学习方法：关注细节

你努力了解剧中所有角色的名字，以及他们之间显而易见的关系，例如，黄世仁与白毛女之间的关系。你还深入探究剧情的每个细节，以及每个角色所说的台词，甚至能够精准背诵剧本中的某些重要段落。

这种学习方法将重心放在《白毛女》的细节和要素上，因此你关注的是**事实性知识**。

第 2 种学习方法：关注概念

你能够理解《白毛女》背后的重要概念，如压迫、阶级矛盾和社会制度。你有兴趣探索这些概念之间的关系，如社会制度在白毛女的悲惨命运中扮演了什么角色。你认为关注这些概念及其关系可以让你在剧情的同时，将这些概念与理解人类现状的其他概念相联系，从而增强学习《白毛女》的价值。在这种学习方法下，你关注的是**概念性知识**。

第 3 种学习方法：关注步骤

假如你认为《白毛女》只是众多中国戏剧之一，你的目的是通过它来掌握如何思考剧本。为了达到这个目的，你学习了一套阅读剧本时使用的一般性方法。这套方法包括① 与朋友或同学讨论剧情；② 审视角色之间的关系；③ 理解剧作者想要传达的信息；④ 考虑剧本的写作方式和它的文化背景。这四个一般性步骤不仅适用于《白毛女》，而且适用于所有戏剧的学习。在这种情况下，**你关注的就是程序性知识**。

第 4 种学习方法：关注反思

与第 3 种学习方法类似，你把《白毛女》看作未来学习过程中可能会遇到的众多戏剧之一。你也希望自己掌握一套通用的程序或工具，用来学习、理解和欣赏其他剧本。但与第 3 种学习方法不同的是，你不想简单地套用别人的方法和工具，而是希望能够"边学习，边思考"，对自己的学习方法进行反思和元认知活动。例如，你会记录在使用这些方法阅读剧本时遇到的问题（如角色发展与剧情的混淆），并且从这些问题中学习。你还希望通过对剧本角色的认同更深入地了解自己，如自己的价值观或优缺点。在这种学习方法下，**你关注的是元认知知识**。

然而，我们上学时，为了应对考试，对这 4 类知识的学习，使用的是同一个万能大法：背诵！

只要能背诵下来，考试成绩就有保障了。虽然可能无法进入清华或北大这样的顶尖学府，但考入一个不错的本科院校还是可以的。

上学时使用"背诵"的方法是可行的，但进入职场后就不再适用。你知道为什么吗？因为职场是一个需要实践的地方，而不是像上学时那样面对只有标准答案的试卷。

例如，公司统一培训了面向客户的沟通技巧，讲解了三个原则、四个方法以及一个完整的演示方案。在实际应用中，如果你能一字不差地记住这三个原则、四个方法和一个方案，那么在学校的考试中你肯定能得 90 分以上的好成绩。然而，在与客户的实际沟通中，这种死记硬背的方法真的有效吗？

在职场学习中，"背诵"仍然适用于各种事实性知识的学习。例如，公司是哪一年成立的，公司在行业中的全年销售额排名第几，等等。这类知识无须深入理解或实际应用，只要在需要的时候能够回忆起来即可。

然而，对于概念性知识、程序性知识、元认知知识来说，"背诵"并不是有效的学习方法。对于这些知识类型，你需要深刻理解、熟练应用并举一反三。

那么，如何确定某个知识属于这 4 类中的哪一类，以及如何更高效地学习各类知识呢？下面我将详细介绍。

第 2 节　事实性知识的记忆技巧，助你过目不忘

事实性知识是孤立、片段化的知识，需要快速、牢固地记忆。记忆术在学习这类知识中扮演重要角色。

由于学习难度低、见效快，因此大量学习或记忆课程和图书都侧重于事实性知识。

传统填鸭式教育影响下，许多人误以为记忆等同于智商或聪明，从而在事实性知识学习上投入大量时间。这是学习上的一个很大误区：**将宝贵的脑力、精力，浪费在价值很低的事实性知识的学习上**。

古代受限于存储和查询技术，许多知识需要依赖大脑记忆。例如，王勃在创作《滕王阁序》时，需要记住冯唐和李广的故事以写出"冯唐易老，李广难封"这样的诗句。但在技术发达的今天，对于大部分事实性知识，我们无须再记忆。

尽管如此，仍需记忆关键信息。思维导图和记忆宫殿是高效记忆方法。

思维导图是利用中心向四周发散的结构和多种元素（如线条、图片、颜色）刺激形象记忆。

记忆宫殿则是设定熟悉的环境空间，如卧室，作为原型并布置元素。

不要在事实性知识上花费过多时间，应充分利用技术手段，只记忆关键、需要熟练记忆的知识，如术语符号等。

第 3 节　概念性知识的 3 个自问，帮你彻底理解

第二类知识是概念性知识，它比事实性知识更为复杂和结构化。

概念性知识涵盖了更一般的名词概念（AI、区块链、框架）、模型（4P 营销、马斯洛需求层次理论）、原则（以终为始、以事实为依据）、原理（金字塔）或理论（建构主义、行为主义）。

在学习概念性知识时，许多人容易将其视为事实性知识并尝试记忆。他们认为只要能记住概念、模型、原则、原理或理论的内容，就掌握了概念性知识。这是由于不清楚事实性知识和概念性知识之间的巨大差别所导致的。

概念性知识包含某些事实性知识，但这些事实性知识必须是相互联系的、非任意性的、结构良好的。换句话说，单独看每一块"瓷砖"（事实性知识），可能没有什么意义，但当这些"瓷砖"按照一定的结构拼接起来时，它们将呈现出一幅完整的图画，这才意味着掌握了概念性知识。

仅能背诵出马斯洛需求层次理论并不意味着真正理解它。例如，如果被问及该理论的问题，如它提出的年份、背景，与其相关的其他知识，或者其适用的场合等；如果不能给出准确的回答，就表明对该理论没有深入的理解。

为了确保真正理解和掌握某个概念性知识，你需要在学习过程中自问下面三个问题：

（1）这个知识的来龙去脉是什么

（2）这个知识与其他知识之间有什么联系

（3）这个知识有哪三个能用和不能用的场景

○ 自问1　这个知识的来龙去脉是什么

在学习知识的过程中，很多人往往忽视了对知识起源的探究，仿佛这些知识是凭空出现的。实际上，任何知识都是基于先前的知识和经验发展起来的。只有深入了解知识的起源，我们才能真正把握其本质。

仅仅看一张照片，我们能够理解的信息是有限的。但如果追溯这张照片的拍摄背景，那么一张照片就可以变成一部电影，甚至一部连续剧，让我们真正看懂这张照片所蕴含的故事。

因此，当学习一个新的概念性知识时，我们需要问自己：**这个概念是在哪个时间点产生和兴起的？为什么在这个时间点产生和兴起？在它之后又可能产生了哪些新理论**？

以 2018 年区块链的兴起为例，当时我正在撰写本书的第 1 版。我决定采用这种方法来探究区块链的来龙去脉。在第 2 版中，我继续保留了这个示例，因为当时区块链对我来说是一个全新的概念。通过探究其起源和发展，我可以帮助你更全面、更深刻地理解这个概念。

如果你不采用这种方法，而是直接搜索"区块链是什么"和"区块链的价值"，我估计你查一天都不会有结果。因为仅在百度上搜索这两个关键词，分别就有 11 700 000 个和 2 440 000 个结果（见图 5-2 和图 5-3）。当你阅读各种科普文章、专业论文、专家评论和创富论坛时，你可能会感到困惑：有人说它是第四次产业革命的开端，也有人说它是投机泡沫。

图 5-2　在百度上搜索"区块链是什么"

图 5-3　在百度上搜索"区块链的价值"

这时，如果你能问自己这些问题——区块链的起源是什么，区块链为什么会产生和兴起，区块链可能会被什么技术取代，并且去阅读相关资料的话，你就能更快地形成深刻的理解。

通过这种方法，我仅用了大约 30 分钟就对区块链有了基本的认知。

1. 区块链的起源

（1）区块链作为比特币的底层技术，最初在比特币论坛中被提出（在第 1 版的描述中，有读者指出这个起源细节可能存在误导。他们认为区块链的概念最初是在一个加密技术讨论邮件群中被提出的，而且当时的称呼是加密账本技术而不是区块链。尽管这一信息对于更准确的历史背景非常重要，但在第 2 版中，我仍保留了第 1 版的相关内容。这样做是为了真实地展现我在 30 分钟内所了解的情况，同时也为了保持叙述的一致性）。

（2）比特币因为其巨大的争议性和炒作性（洗黑钱、绑票赎金、火箭般蹿升的价格等），逐渐进入主流社会视野，进而让其底层的区块链技术被人所关注。

（3）2015 年 12 月，以纳斯达克首次在个股交易商使用区块链技术为标志，区块链技术跳出比特币，开始在非虚拟数字货币领域得到应用。

（4）目前区块链技术主要局限在金融体系中，但会计师事务所已在研究如何把它应用在审计业务中。至于如何在供应链体系、政府体系中应用还处于概念设想阶段。

2. 区块链产生和兴起的原因

（1）技术层面。随着互联网的发展，中心化的计算架构逐渐难以满足大量的计算要求。因此从 2007 年起分布式计算逐渐成为主流（亚马逊和阿里巴巴是非常成功的分布式计算和存储案例），这股思潮影响到了技术开发人员，因此在虚拟货币领域出现分布式自治的比特币也是一种正常现象。

（2）硬件层面。随着 PC 服务器的普及和计算能力的提升，2009 年以后具备了为区块链技术提供计算能力节点的便利性（普通人也能架构具有足够计算能力的服务器），并将其作为区块链的节点加入。

（3）商业层面。区块链技术的去中心、去信任和伪造极难三大特征，满足了股票交易、银行结算等金融领域降低信任成本、加快交易速度的需求（例如，将股票交易的手续费降至 0.01%，交易周期从"T+1 天"变成"T+30s"，也就是说，你卖出股票后 30 秒就能买新股票），因此区块链技术优先被部分金融机构小范围应用（这个应用跟比特币、瑞波币、莱特币等是两码事，这些虚拟数字货币只是区块链最初期的应用）。

（4）政治层面。虽然区块链技术有一定的降低交易成本的作用，但其完全去中心化的特点，特别是匿名不可追踪的性质，带来了巨大的政治风险。因此，全球范围内能否广泛开展区块链技术仍是一个未知数。

3. 区块链可能会被什么技术取代

虽然区块链技术为解决信任问题提供了新的思路，但随着技术的发展，其他能够降低伪造难度并提高交易便捷性的技术可能会涌现。这些技术可能会取代区块链的部分或全部应用场景。

○ 自问 2　这个知识与其他知识之间有什么联系

大部分知识之间都是相通的。这就意味着，在接触新知识时，我们并非从零开始，而是可以将其与已有的知识和经验相互关联。这种关联不仅有助于加快学习新知识的速度，还能深化对新知识的理解。

为了在学习新的概念性知识时，与已有的知识和经验建立关联，可以问自己下一个问题：我能否举出至少 3 个与该知识相关联的知识？

以区块链为例。通过自问，我联想到了以下 4 个知识点：

（1）分布式计算与存储。区块链技术的分布式账本系统本质上是分布式的计算和记录技术。

（2）加密技术。区块链中的计算能力主要用于加密运算，不同的密码学系统可以区分不同的区块链技术平台。

（3）信任成本。在商业社会中，信任成本很高。区块链的最大价值在于解决了交易双方的信任问题。在信任度低、交易难度大的金融领域，区块链技术能够发挥最大价值。

（4）基因冗余。区块链上的交易信息由大量冗余节点记录，难以被篡改。这与生物系统和基因系统的冗余机制有异曲同工之妙。例如，生物的生存需要大量的冗余来保证其能够在各种不可预见的情况下存活下来。

一旦将区块链与这些知识关联起来，学习速度更快，理解难度更低，理解程度更深。

为了关联更多的知识和经验，可以运用以下 3 大学习策略。

（1）功利性（见第 1 章）。通过实现共同目标，将看似不相关的知识联系起来。例如，在无人驾驶汽车出现之前，很难将谷歌和百度的搜索技术与汽车联系起来。

（2）框架（见第 2 章）。随着个人知识体系框架的完整和扩展，能关联的先前知识和经验也越来越多。

（3）可迁移（见第 3 章）。对新知识背后的本质和一般性原理理解得越深入，能关联起来的知识和经验也越多。例如，认识到皮球停止滚动是因为摩擦阻力后，就可以将钉子鞋与皮球关联起来。

○ 自问 3　这个知识有哪三个能用和不能用的场景

专家的知识与普通人的知识有所不同，其最大的特点是条件化。

如何理解这个条件化呢？专家知道自己的知识在哪些场景下适用，在哪些场景下不适用，在哪些场景下需要调整后才能适用。

如果一个人不了解一个概念性知识的使用条件，那么他只理解了这个知识的一半，有时甚至不如不学。因为似懂非懂的状态容易让人误用方法。

那么，专家是如何做到将他们的知识条件化的呢？他们在学习一个概念性知识时，会问自己：**这个知识有哪三个能用和不能用的场景？**

通过自问自答，可以提炼和显示这个概念性知识适用的前提条件，并建立使用场景印象，这样在下次碰到类似场景时，会更容易调出该知识。

以区块链为例，通过自问"区块链有哪三个能用和不能用的场景"，得出以下六个答案：

（1）适用于虚拟数字货币。这是区块链技术为人所知的起点。

（2）适用于信任成本高、交易撮合难的金融交易场合。这就是股票交易系统、同业资产交易平台会优先使用区块链的原因。

（3）适用于财务审计。这就是德勤、毕马威等积极成立区块链研究团队的原因。

（4）不适用于要交易留痕的场合。因为跳过央行清算系统有巨大监管风险，而且央行本来就是各银行间交易的最大信任背书。

（5）不适用于计算节点少的应用场合。区块链是参与计算节点越多越安全，如果低于一个量级，交易的篡改难度就很低了。

（6）不适用于信任程度已经很高的场合。区块链的价值主要是在信任程度低的交易中，减少验证环节，提高效率，降低成本。如果本身信任程度高，用区块链就多此一举了。

在了解一个概念性知识时，可以自问以下 3 个问题：

- 自问 1 这个知识的来龙去脉是什么
- 自问 2 这个知识与其他知识之间有什么联系
- 自问 3 这个知识有哪三个能用和不能用的场景

通过这 3 个问题，我的研究和阅读更加集中和高效。即使像我这样的新手，只花了30 分钟了解区块链，我对它的理解也超过那些盲目学习了几个月的人。

为了让你更好地理解和感受自问这 3 个问题的价值，我选择了一个我之前几乎不了解的区域——区块链进行演示。由于时间限制，我的理解可能存在偏差，但我不会进行任何修正。这样你就能真实地看到，通过自问 3 个问题，我们能在短时间内对新概念性知识有何深入的理解。

○ 在自问 3 个问题基础上的类比和比喻

在面对抽象的概念性知识时，除了自问 3 个问题，还可以通过类比和比喻来加深理解。下面列举两个例子。

爱因斯坦解释相对论

有人问爱因斯坦："什么是相对论？"

爱因斯坦回答："你坐在美女身边，1 小时像 1 分钟；你坐在火炉上，1 分钟像 1 小时。"

通过这个比喻，爱因斯坦生动地解释了相对论的时间相对性，使人容易理解。

佛祖谈"六根"

佛教中有言："人有六根，乃眼、耳、鼻、舌、身、意之识根。"

佛祖又言："六根归一。"众多信徒对此不解。

佛祖取一华巾，打上六个结。众观此景，皆不明其意。佛祖解释道："六个结虽形式各异，但究其根本，仍是一条华巾。"众皆豁然开朗！

通过这个比喻，佛祖形象地阐述了"六根归一"的道理，使人明白六种感官虽然各不相同，但它们最终归于一个本源。

对于抽象的概念性知识，如果能做出类似上面的类比或比喻，让零基础的人也能理解，就证明对概念的理解已经相当深入。这与著名的"费曼技巧"有异曲同工之妙。

○ 运用 AI 帮助自问

如果你觉得即使知道自问的方法仍然没有思路，那么可以通过 AI 来帮助你提问，从而拓展你的思路。我们以巴纳姆效应为例来展示整个过程。

自问 1　这个知识的来龙去脉是什么（见图 5-4、图 5-5、图 5-6）

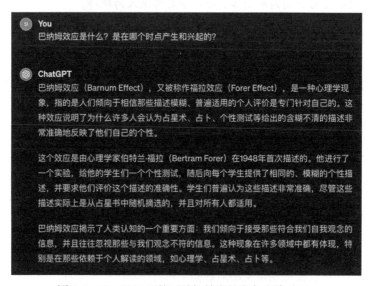

图 5-4　ChatGPT 回答巴纳姆效应的来龙去脉（1）

You

可以从政治、经济、社会、技术四个方面说一下巴纳姆效应为什么在这个时点产生和兴起？

ChatGPT

巴纳姆效应虽然在1948年由心理学家伯特兰·福拉（Bertram Forer）首次明确描述，但其产生和兴起的背景可以从政治、经济、社会和技术四个方面来分析，尤其是在当时的历史背景下。

政治

1. **世界大战后的不确定性**：二战后，世界进入了一个政治重构和冷战的时期。在这种背景下，人们对于个人未来的不确定感增强，可能会更倾向于寻找看似针对个人的、模糊而广泛的预测和解释，从而心理上获得某种安慰或指引。

2. **宣传和意识形态的影响**：20世纪中叶，政治宣传和意识形态对人们的影响日益显著。这些宣传往往包含广泛且模糊的陈述，能够吸引不同背景的人群，这在某种程度上与巴纳姆效应相似。

经济

1. **消费文化的兴起**：在二战后的经济繁荣中，消费主义文化开始兴起，广告和市场营销变得更加普遍。这些领域经常运用模糊且吸引人的陈述来吸引消费者，与巴纳姆效应有着共同之处。

2. **个性化市场的发展**：随着市场趋于个性化，对消费者的心理分析变得更加重要。市场营销策略往往利用类似巴纳姆效应的技巧来吸引顾客。

社会

1. **心理学的普及**：20世纪中叶，心理学作为一门学科开始普及，人们对自我认知和个性分析的兴趣日益增长。巴纳姆效应正是在这种文化背景下被发现和研究的。

2. **社会多元化与个体主义**：随着社会的多元化和个体主义观念的增强，人们更加注重个人体验和自我表达，这可能导致人们更容易接受看似专门针对自己的描述。

技术

1. **传播媒介的发展**：广播、电视等新兴媒介的普及，使得信息传播更加广泛和迅速。这些媒介常常采用模糊且广泛适用的信息来吸引广大听众，从而有助于巴纳姆效应的传播。

2. **数据分析和统计的应用**：随着统计学和数据分析的发展，人们开始更多地依赖数据来解释和预测社会现象。虽然这些分析往往是基于广泛的数据，但它们的解释有时也会被个人化，与巴纳姆效应有些相似。

总的来说，巴纳姆效应的产生和兴起与当时的社会政治环境、经济发展、社会文化变迁以及技术进步紧密相关，这些因素共同作用，促使了这一心理现象的发现和广泛关注。

图 5-5　ChatGPT 回答巴纳姆效应的来龙去脉（2）

You

在巴纳姆效应之后产生了什么新理论，这些新理论分别对巴纳姆效应做了什么改进或者补充?

ChatGPT

在巴纳姆效应被明确提出之后，心理学和相关领域中出现了一些新的理论和概念，这些理论在一定程度上对巴纳姆效应进行了改进或补充。这些新理论主要关注于人们如何解释、接受和反应于关于自身的信息，以及这些行为如何影响我们的认知和决策过程。以下是一些重要的理论和概念：

1. 确认偏误（Confirmation Bias）

- **关于巴纳姆效应的补充**：确认偏误是指人们倾向于注意、解释和记忆那些符合自己已有信念或假设的信息。这一概念与巴纳姆效应有共通之处，因为在巴纳姆效应中，个人往往接受那些似乎符合自己自我观念的模糊描述。
- **改进点**：确认偏误提供了一种理解个人如何选择和解释信息的框架，这有助于解释为何巴纳姆效应在多种情境下都非常有效。

2. 自我效能感（Self-Efficacy）

- **关于巴纳姆效应的补充**：自我效能感是指个人对自己完成特定任务的能力的信念。这与巴纳姆效应的相关性在于，模糊且积极的评价可能会增强个人的自我效能感。
- **改进点**：自我效能感的概念有助于了解巴纳姆效应中积极描述如何影响人的行为和动机。

3. 社会认同理论（Social Identity Theory）

- **关于巴纳姆效应的补充**：社会认同理论强调了个人自我概念是如何通过所属群体来定义的。巴纳姆效应中的模糊描述往往被个体解释为对其社会群体身份的认同。
- **改进点**：这一理论为理解个人如何在社会群体中寻找和确认个人身份提供了框架，这可以解释为什么人们会对模糊的、看似针对自己的描述产生共鸣。

4. 认知失调理论（Cognitive Dissonance Theory）

- **关于巴纳姆效应的补充**：认知失调理论涉及当个人持有相互矛盾的信念、态度或行为时所经历的心理不适。在巴纳姆效应中，当个人接受的模糊描述与其自我认知存在冲突时，可能会产生认知失调。
- **改进点**：这一理论有助于理解个人如何调整自己的信念和态度来减少与巴纳姆效应描述之间的心理冲突。

5. 叙事心理学（Narrative Psychology）

- **关于巴纳姆效应的补充**：叙事心理学关注于人们如何通过故事来构建自我概念和理解世界。在巴纳姆效应中，模糊的描述可能被个人纳入其个人生活故事中，使之更加有意义。
- **改进点**：叙事心理学提供了一种理解个人如何在其生活叙事中整合和解释巴纳姆效应中的信息的

图 5-6　ChatGPT 回答巴纳姆效应的来龙去脉（3）

自问 2　这个知识与其他知识之间有什么联系（见图 5-7）

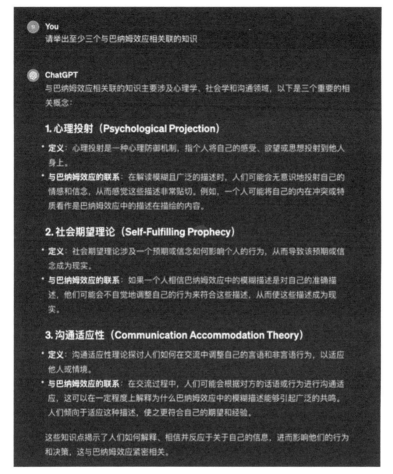

图 5-7　ChatGPT 回答巴纳姆效应与其他知识的联系

自问 3　这个知识有哪三个能用和不能用的场景（见图 5-8、图 5-9）

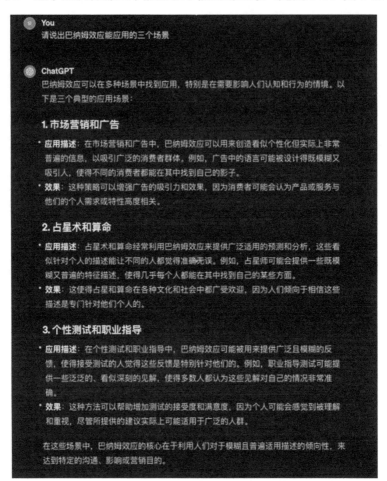

图 5-8　ChatGPT 回答巴纳姆效应能应用的场景

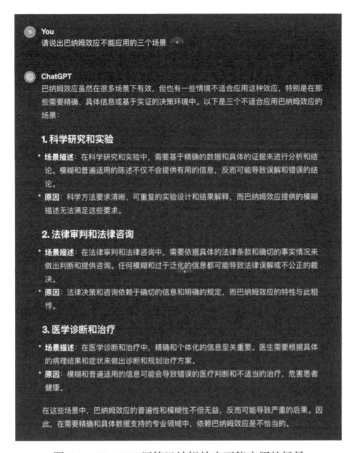

图 5-9　ChatGPT 回答巴纳姆效应不能应用的场景

在自问 3 个问题基础上的类比和比喻（见图 5-10）

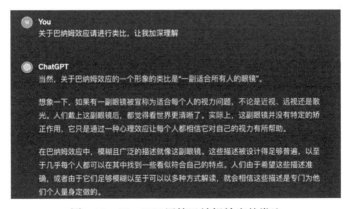

图 5-10　ChatGPT 回答巴纳姆效应的类比

第4节 程序性知识的3个步骤，上手又快又好

程序性知识是关于如何执行某项任务或活动的知识，通常以一系列步骤的形式呈现。在职场中，这种知识是至关重要的，因为它提供了完成任务和解决问题的具体指导。例如，提交预算的流程、安排会议的步骤、客户跟进的流程、社群运营的流程、软件开发的流程、事后复盘的流程等。

随着职场层级的提升，程序性知识的比重可能会发生变化。在初级职位中，大部分工作都是执行性的，因此，程序性知识占据很大比重。员工需要遵循明确的步骤和流程来完成任务，如财务凭证制作、客户跟进数据录入、代码编写等。

随着职业生涯的发展，员工可能会晋升到更高层级的职位，需要承担更多的规划的决策职责。此时，程序性知识仍然重要，但比重会下降。他们需要制定财务政策、制定客户跟进策略、设计软件架构等。

○ 学习程序性知识的2个误区

程序性知识在职场中占据了很大的比重，但令人惊讶的是，80%的人并没有真正掌握学习这种知识的方法。他们常常陷入两个误区。

误区1 低效率上手

当面对一个新的程序性知识时，很多人选择被动地、片段式地学习。这其实是一种效率非常低下的学习方法。

例如，两个刚转行做互联网社群运营的新人，他们初期的任务是在社群里发布话题，引导讨论，并整理发布讨论结果。

第一个人是按照他人的指示来完成任务。例如，让他选择一个话题，他

就去找；让他汇总讨论，他就去汇总。经过一个月的实践，他渐渐变得熟练，但话题的质量只是勉强合格。

第二个人则采取了不同的策略。接到同样的任务后，他首先设计了一个流程，明确了任务的各个步骤和每个步骤的具体内容，如图 5-11 所示。

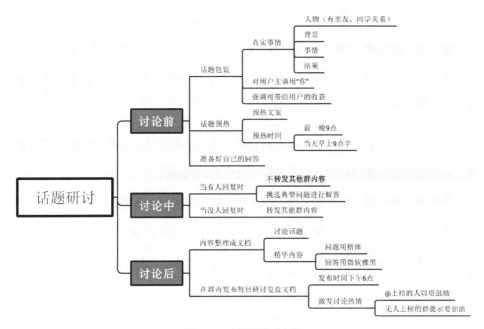

图 5-11　话题研讨流程

首次绘制流程时可能很粗糙，有些步骤可能被遗漏，有些内容可能存在错误。然而，随着三天重复同样的工作内容，他迅速完善了流程，并能主动寻找领导和同事请教缺失的内容。

因此，仅用了不到一周时间，他就对社群话题讨论的工作已经非常熟悉。他不再需要别人每天为他安排任务，已经明确哪些方面需要提前准备，哪些环节需要特别注意。这使他的工作质量每天都得到显著提升。

在上面这个案例中，第一个人在学习新的程序性知识时采用了被动的和片段式的方法，跟第二个人的学习方法相比，明显有三个差距：① 长周期的学习过程。与第二个人相比，第一个人花费了更长的时间来熟悉工作，可能是第二个人所用时间的四倍或更多。② 无法持续改善工作质量。③ 缺乏有效的知识沉淀。由于没有将工作流程整理成书面形式，第一个人无法为新员工提供系统指导，也使得自己在换工作后难以将过去的经验迁移到新的工作中。

误区2　无意识重复

除了低效率上手，大多数人学习程序性知识时容易陷入的第二个误区是无意识重复。

何谓无意识重复？用通俗的话来说就是，人们习惯于按照某种固定的方式行事，却从未思考为什么要这样做，以及是否存在优越的可能性。

有些老师使用同一份教案长达一二十年，却从未探究过教案背后所体现的教学思想，无论是行为主义，还是建构主义，以及这些思想在时代发展中的局限性。这种原地踏步式的重复导致他们看似拥有长达一二十年的教龄，实际上有效的教学经验可能只有短短两年。

同样地，有些HR使用相同的面试问题长达五六年了，却从未思考为什么要这么问，以及是否存在更好的面试方法。这种无意识的重复使他们即使工作了数十年，也只能被视为拥有经历，而不能被认为是具有丰富经验的人。

○ 学习程序性知识的3个步骤

在学习程序性知识时，要避免误区，提高学习效率可以采用下面3个步骤。

步骤1　流程化：书面整理出程序性知识的流程

程序性知识是关于如何执行某项任务的步骤，因此最好以流程图的形式呈现。

以社群话题讨论为例。你可以使用 Excel 表整理程序性知识的具体内容。横轴记录步骤，左侧的纵轴记录涉及的角色。根据话题讨论的流程图，在横轴上标明"讨论前""讨论中""讨论后"等步骤，并在每个步骤的下方分解出子步骤的内容。例如，你可以将"讨论后"分解为"整理讨论结果""发布讨论结果"两个步骤，如表 5-1 所示。

表 5-1　社群话题讨论的流程化模板

角　色	步　骤					
	讨 论 前		讨 论 中		讨 论 后	
	选择话题	包装话题	……	……	整理讨论结果	发布讨论结果

填好横向的流程步骤后，就可以在左侧的纵轴上自上而下填入相关的部门或人员，如运营总监、部门主管、自己等，如表 5-2 所示。

表 5-2　填入角色的社群话题讨论模板

角　色	步　骤					
	讨 论 前		讨 论 中		讨 论 后	
	选择话题	包装话题	……	……	整理讨论结果	发布讨论结果
运营总监						
部门主管						
自己						

搭好整个流程框架后，就可以将已经收集和了解到的具体内容填写在对应的位置上。

例如，可以在横轴"发布讨论结果"与纵轴"自己"相交叉的位置记录如何发布讨论结果，包括：

（1）选择最佳的时间发布讨论结果，以增加被社群成员看到的机会。一种有效的方法是，观察社群成员的日常习惯，如蹲马桶或吃饭的时间。如果无法确定这些习惯，可以发起一个有趣的小调研来收集数据。

（2）对于在讨论中表现出色的成员，应该给予适当的表扬，肯定他们的努力和专业。

（3）对于没有上榜的社群成员，可以通过与其他社群的对比来激发他们的参与热情。

通过以上步骤，可以整理出一个完整的流程框架，为后续学习和工作应用提供有力的指导。

步骤2 刻意用：有意识地应用流程步骤

在完成流程图的绘制后，为了确保每一步都被准确地执行，需要有意地将其应用到实际操作中。

具体做法是，将前面整理好的流程框架作为模板，每次开始新的任务时，复制这个模板，并按照其中的步骤进行操作。

以社群话题讨论的流程为例。初学者可以每天复制一份话题讨论流程的Excel模板，并按照说明逐步进行操作。例如，在讨论前，可以按照"选择话题""包装话题"等步骤进行操作，如表5-3所示。

表5-3　按步骤套用社群话题讨论的流程模板

角　色	步　骤					
	讨　论　前		讨　论　中		讨　论　后	
	选择话题	包装话题	……	……	整理讨论结果	发布讨论结果
运营总监	×××	×××				
部门主管	×××	×××				
自己	×××	×××				

通过实践整个流程，我们可以获得以下两个好处。

（1）每次实践都能让我们全面地练习流程的各个环节。这意味着，只需实践一次，就能积累到其他未采用这种方法的人需要重复 5~10 次才能获得的经验。

（2）更容易发现流程中的问题和不足。例如，你按照"选择话题"的要求选了一个话题，然后根据"包装话题"的要求写了一段故事背景。但当你在社群发布这个话题时，却发现没有一个人发言，甚至没有收到任何表情符号。这时，你意识到可能是预热不够，导致其他成员无法积极参与讨论。因此，可以在"讨论前"的准备内容中增加一个步骤，即"预热话题"。

相比之下，那些没有采用这种方法的人可能误认为问题出在话题的选择或故事背景的吸引力上，而没有意识到预热的重要性。这可能导致他们在多次实践中反复犯错，无法有效地完善流程。

步骤 3 一般化：提炼出更具一般性的流程

在学习程序性知识时，我们需要注意其适用的前提条件。与概念性知识类似，程序性知识有其特定的适用的场景。为了防止"一套方法打天下"的误区，我们需要明确这个程序性知识在何时、何地适用。

以社群话题讨论为例，前面介绍的流程主要适用于严肃理性的社群，特别是在非节假日的讨论。如果将其应用于明星粉丝群，可能会遭受大量负面反馈。即使在严肃理性的社群中，国庆、春节等节假日使用此流程，也难以激发用户的参与热情，更多是自娱自乐。

明确程序性知识的适用时间和场合，不仅有助于更好地运用这些知识，还能提炼出更普遍的规律。

以社群话题讨论为例，你可以提炼出下面四个一般性规律：

（1）话题讨论前、讨论中、讨论后这些步骤是通用的，适用于各类社群。

（2）挑选与社群用户密切相关的话题，并强调带给他们的收获，这是所有社群讨论的基础。

（3）讨论中，激发用户讨论意愿、及时互动和转发其他社群讨论内容，是社群运营的通用策略。

（4）讨论结束后，对表现优秀的用户进行鼓励，以刺激他们持续分享的意愿，这也是值得采纳的方法。

通过提炼和总结程序性知识的一般规律和方法，你可以在更广泛的领域中运用这些知识，从而提升自己的跨岗位和跨行业能力。

第 5 节　元认知知识的真正理解，帮你知己又知彼

元认知知识是关于元认知的知识。到底什么是元认知呢？

让我们通过一个例子更好地理解元认知。

几年前，我给两位小顾问讲解了双周滚动管理计划的方法。讲解结束后，我问他们是否理解了。

其中一位顾问立刻表示全部理解，另一位则有些犹豫，指出他对本周的延迟事项更新到下周计划中存在困惑。

在此情境下，许多人可能会认为那位立刻回答的顾问具有更强的学习能力。

事实恰恰相反！

经过检查，我发现除了那一点外，后者在其他方面都掌握得很好。而前者，他虽然声称全部理解，但实际上对双周计划的滚动操作一知半解。这表明，那位立刻回答的顾问无法像有疑问的顾问那样对自己的理解程度进行有

效的评估。

元认知，正是这种能力——对自己认知水平及思维、学习过程的评估与监控。它并不仅仅是关于知识的，而是一个深入讨论我们如何理解和评价自身知识的过程。

这一概念最初由美国儿童心理学家弗拉威尔（J.H. Flavell）在 1976 年出版的《认知发展》中提出，原来的定义是"反映或调节认知活动的任一方面的知识或认知活动"。

因为这是一个抽象的概念，因此在后续的研究和应用中，不同学派对其定义有所不同。但元认知的本质——主体对自身"认知"的认知——如同"数据的数据"，这一核心观点得到了广泛的认同。

○ 元认知的 4 个关键步骤

元认知是如何起作用的呢？

我们可以从一个真实案例入手。

当时，我负责检查公司实习生的学习情况，其中一位同学的任务是增加某公众号的关注量。

她对这个任务非常上心，付出了不少努力。她精心整理了各种可能吸引用户关注的方法，总计有 8 类 40 多种，并准备开始实施。

我注意到其中一种方法——建立今日头条专栏，于是询问她："你为什么认为这种方法会有效呢？"

她回答说："因为之前没有尝试过，所以需要试一试才能知道。"

然而，如果是 YouCore 的老员工，他们完成这个任务的方式会截然不同。

老员工会按照以下 4 个步骤来执行。

步骤1　明确任务

首先，要明确任务的目标和难度，例如，每月需要吸引多少人关注，是500人，还是1000人？

接着，使用界定问题六问法来深入分析，为何需要吸引这么多人关注？现有关注人数与目标之间的差距是多少？为什么会有这么大的差距？有哪些方法可以弥补这些差距？

步骤2　分析自己

首先，我们需要评估自己现有的能力和资源储备，判断哪些方法是可以直接执行的。

接着，我们要分析这些方法执行后是否能够满足目标要求。

如果不能满足，我们还需要考虑采取哪些方法。

为了实施这些方法，我们需要学习哪些新知识或者请教哪些专业人士。

步骤3　设计策略

制定执行任务的策略是关键，它决定了任务的成功与否。

我们要明确哪些环节可以自己执行，哪些需要协调同事协助，哪些可以外包给供应商。

步骤4　即时监控

在执行任务的过程中，我们需要关注一些关键的监控点，并即时监控各项指标数据。一旦发现数据出现偏差，我们应尽快分析原因，并采取相应的纠偏措施。

例如，我们的目标是每月吸引500个新关注者，那么我们可以将这个目标分解为需要发表的文章数量，以及每篇文章的打开率、点赞率、收藏率和转发率等具体指标。这样，每篇文章发布后，我们都可以及时分析这些指标是否达到了预期目标。

如果某篇文章的指标未达标，我们可以迅速调整策略，并在下一篇文章中应用这些修正措施。这种做法体现了元认知水平的差异。在 YouCore 实习生和老员工之间，这种差异尤为明显（见表 5-4）。

表 5-4　工作任务处理的元认知过程比较

序　号	元认知项	实 习 生	老 员 工
1	对任务及其难度的认知	—	有
2	对自我水平的认知	—	有
3	有效策略的采取	本能	系统
4	计划、监视、调节的监控过程	弱	强

在学习过程中，元认知也发挥了重要作用。如果你具备良好的元认知能力，就可以做到以下几点：

（1）评估学习内容的难度以及预估学习所需时间。

（2）客观地认识自己的学习动机和学习水平。

（3）规划学习目标和计划，选择合适的学习策略。

（4）监控自己的学习情况并根据学习效果进行调整。

通过以上几个方面的运用，元认知能力可以帮助学习者更好地掌握学习进程，实现有效学习。

总结

这一章我们采用布卢姆对知识的分类方法，将知识分为事实性知识、概念性知识、程序性知识和元认知知识。

事实性知识是孤立、片段化的知识，需要快速、牢固地记忆。记忆术在学习这类知识中扮演重要角色。

概念性知识是更为复杂和结构化的知识。它包含某些事实性知识，但这些事实性知识必须是相互联系的、非任意性的、结构良好的。概念性知识学习的关键，是要能自问自答出 3 个问题：

- 自问 1　这个知识的来龙去脉是什么

- 自问 2　这个知识与其他知识之间有什么联系

- 自问 3　这个知识有哪三个能用和不能用的场景

如果学习抽象的概念性知识，在问这 3 个问题的基础上，再做到类比和比喻，学习效果就会更好。

程序性知识是关于如何执行某项任务或活动的知识，通常以一系列步骤的形式呈现。程序性知识的学习容易陷入两个误区：低效率上手；无意识重复。但采用下面 3 个学习步骤，就能有效避免：

- 步骤 1　流程化：书面整理出程序性知识的流程

- 步骤 2　刻意用：有意识地应用流程步骤

- 步骤 3　一般化：提炼出更具一般性的流程

除了上面 3 类知识，还有第四类知识：元认知知识。

元认知知识是关于元认知的知识。例如，有关学习的知识（你正在看的这本书）、反思自己表现的知识和自我调整的知识。

元认知体现在所有的知识学习和问题解决中，是一个人能否认清自我、提炼一般方法、进行自我反思和调节的关键因素。然而，学习元认知的关键不在于元认知知识，而在于元认知过程。在学习、理解和应用事实性知识、概念性知识、程序性知识的过程中，其实就已经涉及了元认知过程。这个过程的质量决定了学习效果的高低。因此，提高元认知能力对于提升学习效果至关重要。

学员感言

在遇到学习困难时，我曾困惑于自己的不理解，但难以明确指出问题所在。通过知识分类，我找到了学不会的症结：原先的方法是不分知识类型，一律以背诵为主。

——学员 1

对于理解，我曾以为能解释概念并在一两个场景中应用就足够了。然而，对照概念性知识的几个问题后，我意识到自己之前以为的理解其实并不准确，仍有许多内容尚未掌握。

——学员 2

书外求助

看完了这一章，对知识的理解还有什么困惑吗？

例如：虽然知道理解时要做知识之间的关联，但还是关联不起来，该怎么办？

或者，想不想知道关于一个概念，自己的理解对不对，别人又是怎么理解的？

关注微信公众号 YouCore，发送"学习力"，即可入群获得书外求助。

第6章

积累技巧，让每一次学习都充分沉淀

在日常生活中，我们每天都会接收大量的知识和信息。这些信息来源各异，有主动获取的，也有被动接收的。然而，真正能够沉淀下来，转化为自己的内在知识，却并不多。就好比用漏斗接水，看似倒入的水很多，但最后真正能留在漏斗中的，仅仅是粘在内壁上的几颗水珠。

如何才能将这些知识和信息有效地沉淀下来，而不是随着时间的推移而流失呢？这是本章要重点解决的问题。

知识和信息的沉淀主要有两种状态：① 知识仓库，它就像一个粮仓，用于妥善保存我们的知识和信息；② 知识体系，它更像一个将"粮食"转化为能量和营养的过程。

因此，没有知识仓库是不行的，因为没有知识仓库就没地方存储我们的知识和信息。但仅有知识仓库也是不够的，如果不能将"粮食"加工成可吸收的"食物"，那么即便粮食堆积如山，也无法为我们提供所需的能量和营养。

本章的三节内容从知识仓库的沉淀开始，逐渐过渡到知识体系的构建。

- 收藏技巧：探讨如何以更便捷的方式打造个人知识仓库，确保每一个有用的资料都能被妥善保存。

- 笔记技巧：探讨如何更高效地记录、加工和吸收他人的知识，从而将其转化为自己的知识。这是从知识仓库到知识体系转变的关键基础。

- 组织技巧：探讨如何组织知识，以便将知识仓库转化为个人知识体系。

第 1 节　收藏技巧，打造个人知识仓库

一个好的个人知识仓库，应具备三个基本特征：

（1）能够便捷地收藏所需的知识和信息；

（2）存储的知识和信息能够被良好地索引；

（3）能够被高效地检索出来。

在电子笔记未成熟之前，打造一个自己的知识仓库需要付出较大的成本和耐心。例如，需要大量购买图书、剪报等，同时还需要对信息进行分类、整理等烦琐工作。

但随着信息社会和移动互联时代的发展，收藏知识和信息的成本和难度大大降低。现在，只需一款电子笔记，就能轻松打造出一个庞大的个人知识仓库。

市场上有很多优秀的电子笔记，如印象笔记、有道云笔记、为知笔记、语雀、Notion等。它们都具备以下特点：

- 支持收藏绝大多数知识和信息，包括在网页上截图、备注等；

- 支持云端同步，使得在任何设备上看到的知识和信息都能随时随地被收藏；

- 支持良好的索引，无论是目录结构还是标签功能都很完善；

- 支持检索，而且检索功能越来越强大，例如，印象笔记和有道云笔记都支持 OCR 搜索（能检索图片、PDF 中的文字）。

关于这些笔记的使用方法，网上有很多相关的视频和文字介绍可供参考学习。同时，也有很多用户对不同电子笔记的功能进行了对比评测，可以作为选择工具时的参考依据。

此外，还有一些专门聚焦于碎片信息收集的工具，如剪藏（见图6-1）和CUBOX（见图6-2）等。

图 6-1　剪藏官网

除了这些电子笔记和剪藏软件，我想向你推荐一个更便捷、更轻量级的工具：微信收藏。随着微信收藏功能的不断完善，它已经具备了作为入门级电子笔记的基础功能，如图6-3所示。

微信收藏的便捷之处在于，它可以收藏你所遇到的一切有价值的信息。如果你看到一篇文章，如"老师，我入错行了，怎么办？"，并希望保存下来，就可以直接将它收藏到微信收藏中，并为其添加相应的标签，以便后续快速查找。具体操作如下。

（1）点击右上角的按钮，选择"收藏"，如图6-4所示。

图 6-2　CUBOX 官网

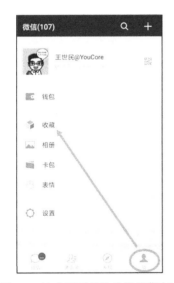

图 6-3　这个了不起的功能就藏在这里

图 6-4　点击按钮，选择"收藏"

（2）（可选）如果要给收藏的内容添加标签，可以点击右下角的"添加标签"。注意，这个提示信息只出现 2~3 秒，如果没有点击的话，它就会自动消失，如图 6-5 所示。

（3）编辑标签。你可以选择已有的标签，也可以添加新标签，而且可以添加多个标签，如图 6-6 所示。

图 6-5　给收藏的内容添加标签　　　　　图 6-6　编辑标签

完成上面三个步骤后，进入"我的收藏"，就能看到已经添加了标签的收藏内容，如图 6-7 所示。

图 6-7　被添加了标签的收藏内容

以后，无论是通过文章内容还是标签，都可以搜索到刚刚收藏的这篇文章，如图 6-8 和图 6-9 所示。

对于聊天记录、图片、音频、视频等，都可以用相似的方法，即选中它们后，选择"收藏"，如图 6-10 所示。

图 6-8　搜索文章内容示例

图 6-9　搜索标签内容示例

更重要的是，你可以在微信收藏中创建一个笔记。在这个界面中，不仅可以输入文字（可加粗、加分割线、加项目符号和数字编码等），而且支持图片、音频、位置，以及其他附件，如图 6-11 所示。

图 6-10　聊天记录、图片、音频、视频的收藏

图 6-11　微信收藏的笔记功能

例如，我就用这个功能建立了一个快速笔记，将一些临时要记的内容都放在了这个笔记里，如图 6-12 所示。

图 6-12　微信收藏的快速笔记应用示例

无论是用文字还是用语音记录，都很方便。这个笔记还支持在移动端、电脑端同时编辑，如图 6-13 所示。

图 6-13　电脑端的笔记显示和编辑界面

除具备较为全面的电子笔记功能外，微信收藏还有四个特别的优点。

○ 优点 1　可一键收藏几乎所有信息

目前市面上，除了阿里系的部分应用，几乎所有软件或 App 都已打通与微信的接口。这意味着，用户可以轻松地将各种信息收藏到微信中，如图 6-14 所示。

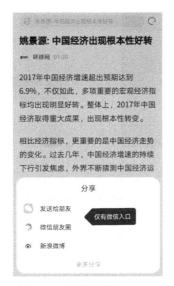

图 6-14　微信收藏入口示例

○ 优点 2　最轻量级的应用

对于电子笔记工具，通常需要单独安装 App 和配套的桌面软件，但在微信已经成为许多人必备应用的前提下，微信收藏为你省去了这一步骤。这意味着，你无须再安装其他额外的 App 或软件，便可轻松享受收藏和整理信息的便利。

如果你选择将微信收藏置顶（见图 6-15 和图 6-16），每次启动微信时，微信收藏与你心爱的微信同时启动，无须任何加载时间。你不再需要费心寻找电子笔记的图标，等待打开，因为微信收藏的启动速度几乎为 0 秒。

○ 优点 3　快捷的多设备同步

任何一款电子笔记都需要在云端和本地同步信息，每次重新安装后（如换了手机或电脑）都需要重新从云端下载数据。

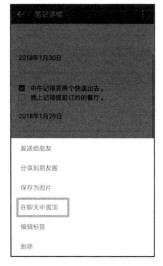

图 6-15　将笔记选择置顶　　　　　　图 6-16　置顶后的效果

微信收藏的信息存储在云端，腾讯云是腾讯的战略方向之一，因此免费（有 2GB 的容量）且多设备间后台自动同步。

根据测试，1MB 以内的内容 1 秒内完成同步，手机端记完笔记，电脑端立刻可见，如图 6-17 和图 6-18 所示。

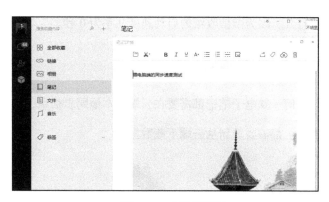

图 6-17　手机端新建笔记　　　　　　图 6-18　电脑端显示

手机端记录笔记还有自动保存功能，不用担心写一半丢失问题。

○ 优点 4　聚合搜索

我们打造知识仓库的主要目的就是方便查找信息，因此，能否高效地检索到所需内容，成为评价知识仓库质量的关键因素。

大多数电子笔记软件只能搜索软件内部的内容，但微信收藏则与众不同。它可以与聊天记录、朋友圈等微信平台上的其他内容一起进行聚合搜索，极大提升了知识的查找和使用效率，如图 6-19 所示。

当然，微信收藏还有一些待改进之处。

（1）不支持多级标签。用户需要在标签命名上采取一些策略，使标签更具层次感。幸好，标签是按拼音字母顺序排列的。以我命名的标签为例，如图 6-20 所示。

图 6-19　聚合搜索　　　　图 6-20　多层级的标签命名示例

（2）不支持标签的删除和重命名。这是一个明显的不足之处。目前，一个可行的解决方案是，在电脑版的微信上，先选中标签，然后批量移除所有相关收藏的标签，再添加新标签，最后重新为相关收藏添加标签，如图 6-21 所示。

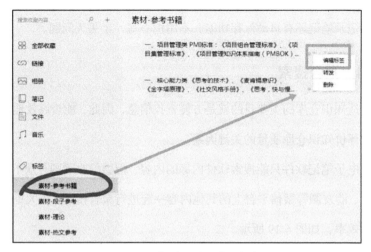

图 6-21 重新给相关收藏添加标签

（3）固定的 2GB 存储容量。这是一个潜在的风险。如果未来收藏的内容超过了 2GB，用户可能需要删除部分早期收藏的内容来释放空间。不过，如果你采用"微信收藏+OneNote"的组合方式，这个风险可以被大大降低，因为很难使收藏内容超过 2GB。

第2节　笔记技巧，记录属于自己的内容

为什么要记笔记？这是一个经常被忽视但至关重要的问题。

记笔记的目的主要包括以下几点：

（1）记忆。好记性不如烂笔头。将信息记录下来，无论是手写还是打字，都比单纯依靠记忆更可靠。例如，将朋友的电话号码记录在纸上或手机里，比只记在脑子里不容易忘记。

（2）练熟。有些方法，光靠看或想是无法熟练掌握的。通过记笔记并实际动手写几遍，可以加深对知识的理解和掌握。例如，某个 Excel 函数或者某个做事步骤，通

过笔记的形式反复练习，可以更好地掌握。

（3）理解。对于一些复杂的内容，只在脑子里琢磨可能很难理解。例如，一个涉及 23 个角色和 14 个步骤的流程，如果能够将它画成一个二维图形（横轴是步骤，纵轴是角色），理解起来会更加直观和简单。

（4）沉淀。很多内容需要被记录下来作为今后使用或进一步学习的基础。这类内容需要长期保存，并且即使时隔很久后也要能方便地找到。

○ 记笔记的常见错误

以上四点就是我们记笔记的主要目的。但在记笔记时，很多人容易犯以下错误。

常见错误 1　一字不差地抄写

这种记笔记的方式虽然让人感觉在学习但实际上对记忆和理解帮助不大。大脑记忆需要不断地提取和回忆，而不是简单地抄写。

常见错误 2　密密麻麻的文字

这种笔记虽然看上去整齐，但真正有价值的内容很少。这可能是因为自己的理解不够深入，无法用少量语言提炼或转化为更形象的图表。

常见错误 3　满满当当无空白

从经济角度来看，这似乎很节省。但从学习角度来看，这种记笔记的方式特别不利于后续的复习和理解，因为没有地方填写新的理解和心得。

常见错误 4　固定装订的笔记本

这类笔记本适用于临时记录不需要长期保留的内容，但如果要记录需要长期保留的内容，如学习心得或职场经验等，就不适用了。很多过去的笔记本可能已经失去了当初记录的精彩内容。

那么，如何避免上述错误并有效地记笔记呢？

下面将分别分享纸质笔记和电子笔记的技巧。

○ 纸质笔记技巧

大约在十几年前，纸质笔记的技巧分享是一大热门。但在当今移动互联网和电子笔记普及的时代，纸质笔记的使用场景已经大幅减少，很多技巧被电子笔记所取代。

目前，纸质笔记主要在两个场合中仍发挥重要作用：

（1）不方便使用电子设备的场合。例如，不允许或没带电子设备的场合，或者电脑在演示但需要记笔记的场合等。

（2）需要深度理解和整合思路的场合。在纸上整理思路有时比在电子设备上效果更好，特别是对 80 年代及之前出生的人。因为在这样的情景下，大脑更容易进行深度思考。

场景 1 不方便使用电子设备的场合

在这种情况下记笔记，相较于电子笔记，需要克服中间新增内容如何添补、修改，以及如何快速总结的问题。

例如，面对一群高管并需要立即总结他们的讨论时，传统的线性笔记方法，可能会遇到困难：① CEO 前面讲了三条意见，在 CIO、CMO 中间插了两条意见后，CEO 又补充了两条意见，同一个人的意见被分开了；② 在每个人的意见分开记录，以及各位高管发言完毕后，立即归纳出讨论结果的难度就很大。

因此，在这种情况下，采用思维导图的方式记笔记是最合适的，如图 6-22 所示。

首先，将每个人的发言统一记录在相应的节点下，避免同一人的意见被分散记录。

其次，预留出思维导图右下角的位置专门记录结论，并注意在讨论过程中及时记录形成的结论。即使一开始总结错误也没关系，因为后面可以随时修改。

除了思维导图，还有其他速记模板可供选择，如黄金三分法、YouCore 赋能本中的会议模板（见图 6-23）等。这些模板的本质都是帮助你更好地组织记录内容，以便在更短的时间内归纳出结论。

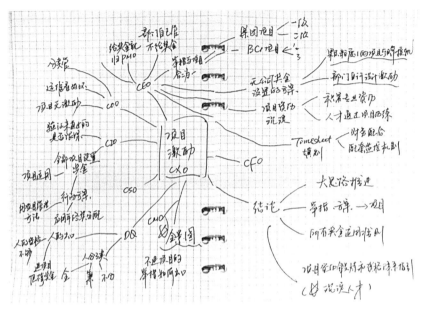

图 6-22 思维导图记笔记

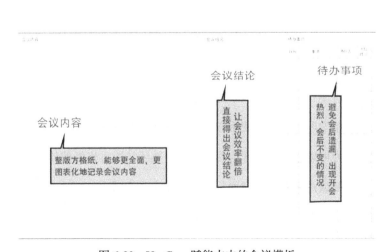

图 6-23 YouCore 赋能本中的会议模板

场景2　需要深度理解和整合思路的场合

在深度思考和整合思路的过程中，纸质笔记仍具有独特的优势。

对很多人（包括我自己）来说，他们曾经主要依赖纸笔进行学习和记笔记，因此在纸上进行深度思考已经成为一种习惯。这种习惯使得大脑更容易进行清晰思考。

另外，因为目前电子笔记在手绘图方面的功能还不够完善，即使是手绘功能相对出色的 OneNote 也无法与在纸上用笔进行绘图和构思的效果相媲美。

因此，在需要绘图和构思的场合，如构思商业模式图或设计 YouCore 赋能本模板页时，使用笔在纸上进行构思的效率和深度都优于电子笔记，如图 6-24 所示。

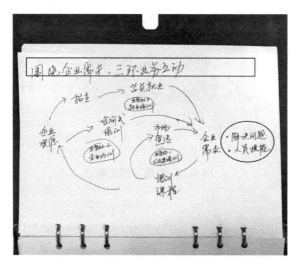

图 6-24　业务模式图示例

为了更好地应用这些技巧，以下是一些建议：

（1）在刚开始学习时，建议使用方格纸。方格纸可以降低在页面布局、画线、画图时的难度，因为可以利用格子作为参考。一旦熟练掌握方格纸的使用技巧，在过渡到横线纸、空白纸或点阵纸时，所面临的挑战就会大大减少。

（2）如果条件允许，建议使用预先印制好模板的纸张。这样可以帮助你降低应用的难度，而且能更快地在大脑中形成各种模板的图形化印象。一旦熟练，即使是在一张空白纸上，你也能轻松地按照模板布局记录笔记，从而提升笔记的条理性，降低总结归纳的难度。

○ 电子笔记技巧

除了需要绘图思考的场合以及必须使用纸质笔记的场合，我强烈建议你养成使用电子笔记的习惯。相较于纸质笔记，电子笔记更能实现笔记的四大目的：① 记忆；② 练熟；③ 理解；④ 沉淀。

第一，电子笔记的内容随时随地可查看，并能在多设备间同步。这使得记录在电子笔记中的内容更容易被反复查看，从而更容易记住。

第二，电子笔记的内容可以反复修改和重写，不受纸张限制。例如，在学习绘制流程图的方法时，如果使用纸质笔记，可能会因为担心画错而不敢在纸上练习，或者只挑简单的画。但使用电子笔记时，无须担心画错，可以轻松撤销并重新绘制。

第三，电子笔记完全没有版面限制，各区域大小可以灵活调整，有助于深入理解复杂内容。例如，图 6-25 所示的丰田 A3 纸报告，主要内容要记录在四个角上，容易出现某些角内容过多或过少的情况。而且 A3 纸体积太大，不便保存、携带和翻看。

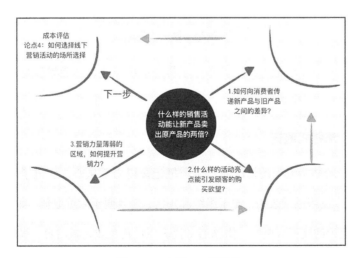

图 6-25 丰田 A3 纸报告

第四，电子笔记在知识沉淀方面表现更佳。与纸质笔记相比，电子笔记的储存期限长达 10 多年、支持云端存储并能在几秒内进行海量检索。

那么，具体如何使用电子笔记呢？下面分享五个主要应用场景下的使用技巧。

场景 1　速记式笔记

电子笔记的速记功能远超纸质笔记，因为其支持文字、图片、语音和视频等多种媒体。在需要快速记录大量内容时，无论是插入录音还是使用搜狗拼音或科大讯飞等输入法的语音输入，都十分方便、高效，如图 6-26 所示。

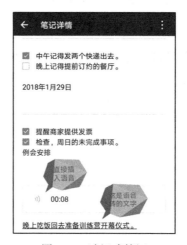

图 6-26　速记式笔记

此外，一些电子笔记工具还具备记录待办事项功能，并能单独筛选和设置自动提醒。

场景 2　流程式笔记

当需要记录复杂流程的情况时，纸质笔记显得力不从心，而电子笔记可以利用 Excel 轻松制作流程图或表格，便于组织和理解，而且便于后续更新，如图 6-27 所示。

在制作笔记的流程表格时，横轴通常代表用户角色或领域内容，纵轴则是流程步骤或时间步骤。这个表格可以根据需要灵活调整，横轴和纵轴可以互换。

	管理者管理				内容管理		
	目标管理	流程管理	管理者培训	数据管理	文章	高质量问答	群内分享
创建期（群初创到超过240人）		1.《框架君建群期群规声明公告流程》2.《吴小框建群三板斧流程》4.《吴小框提供高质量提问和高质量回答范本的流程》	1. 管理者日常发言规范培训 2.《吴小框工作手册》3.《框架君工作手册》培训		1. 微信公众号文章分类汇总，方便群内问题出现时甩出去。	《群内高质量问答积累》2. 高质量提问和高质量回答的范本。	
YouCore主导期（从240人开始到核心用户产生）	1. 群内发言质量*数量（用积分表示）2. 付费用户比率：付费用户/全部用户 3. 主导期持续时长（不超过一个半月）	1.《核心用户发现和培养流程》2. 总结核心用户的特征。确定当某项特征出现时的记录流程。3.《核心用户培养手册》培训。确定核心用户的培养方向，制定培训材料。2. 群内分享活动流程	1.《核心用户培养手册》培训	1. 左侧三项目标数据 2. 用户信息数据	1. 微信公众号文章分类汇总，方便群内问题出现时甩出去。	《群内高质量问答积累》2. 高质量提问和高质量回答的范本。	《群内分享分类汇总贴》
用户主导期（从有了核心用户到裂变开始）	1. 群内发言质量*数量（用积分表示）2. 付费用户比率：付费用户/全部用户 3. 主导期持续时长（不超过一个半月）	1.《核心用户发现和培养流程》2. 总结核心用户的特征。确定当某项特征出现时的记录流程。3.《核心用户培养手册》培训。确定核心用户的培养方向，制定培训材料。	1. 管理者日常发言规范培训 2.《核心用户培养手册》培训	1. 左侧三项目标数据 2. 用户信息数据	1. 微信公众号文章分类汇总，方便群内问题出现时甩出去。	1.《群内高质量问答积累》2. 高质量提问和高质量回答的范本。	《群内分享分类汇总贴》
裂变期（用户数量会急剧下降，再次进入新建群状态）	1. 新手任务完成率，越高越好	1.《框架君建群期群规声明公告流程》2.《吴小框建群三板斧流程》3.《新人入群仪式流程》4.《吴小框提供高质量提问和高质量回答流程》	1. 管理者日常发言规范培训 2.《吴小框工作手册》3.《框架君工作手册》培训		1. 微信公众号文章分类汇总，方便群内问题出现时甩出去。	1.《群内高质量问答积累》2. 高质量提问和高质量回答的范本。	

图 6-27　流程式笔记

场景3　梳理式笔记

当你需要构思一本书、一篇文章，或者准备阅读一本书的时候，使用思维导图是个不错的选择。

以撰写这一章内容为例，我使用了思维导图工具进行构思。

第一，我按照时间顺序将内容分为三个部分——收藏技巧、笔记技巧和组织技巧，并且将它们作为这一章的主要节点，如图6-28所示。

图 6-28　梳理式笔记（1）

第二，我将想写的内容一一列出，并且分别放置到相应的部分中。

第三，我按照时间、结构或重要性的逻辑顺序对这些内容进行分层和分组，形成了完整的目录框架，如图6-29所示。

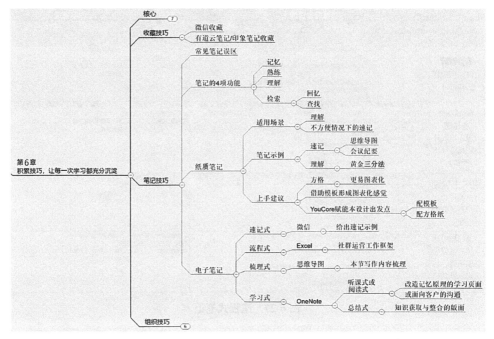

图 6-29　梳理式笔记（2）

场景4　学习式笔记

与纸质笔记相比，电子笔记在学习式笔记的制作中更具优势。它不仅提高了学习效率，还增强了知识的沉淀效果。

在此过程中，我强烈推荐使用 OneNote，因为目前只有 OneNote 能做到在页面的任意位置编辑，这就跟在纸上记笔记一样，而且它完美地解决了纸质笔记的三大"痛点"：

（1）不受页面大小限制，可自由定制笔记区域的大小；

（2）可随意擦写，不用担心写错不能修改的问题；

（3）携带和查找内容都很方便。

学习式笔记主要有两种：听课式和阅读式。关于这两种笔记，我分别跟你分享一个我个人的示例。

第 6 章
积累技巧，让每一次学习都充分沉淀

1．听课笔记

我将听课笔记的 OneNote 页面分为三个区域：

（1）课堂区。位于页面的左侧，用于记录老师讲授的内容。在记录内容时，要尽量使用自己的语言和版面来组织，以便日后复习时能够更好地理解和巩固。

（2）理解区。位于页面的右侧，用于记录对老师讲授内容的理解。这个区域主要记录了类比、应用举例和相关联的知识点，帮助我加深对知识点的理解。

（3）心得区。位于页面的右上方，用于记录我在学习过程中的特别感想或关于本页面的概括性内容。与理解区不同，心得区更侧重于对本页面主题内容的感悟和总结。

这个示例是我 2011 年 3 月的一份 OneNote 笔记，记录了参加的一个为期一天的培训，是讲如何提升与客户沟通水平的，如图 6-30 和图 6-31 所示。

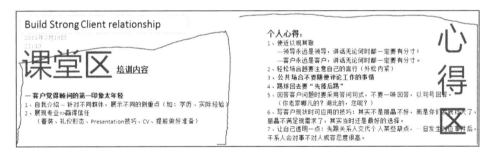

图 6-30　听课笔记示例（1）

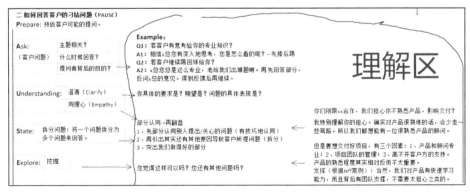

图 6-31　听课笔记示例（2）

在课堂区，我记录了培训内容，但没有完全照抄老师的 PPT 内容，而是尝试用自己的语言和版面进行组织。刚开始应用这种方法时，可能会觉得有些困难，可以先照抄老师的内容，课后再整理成自己的语言和版面。

在理解区，我针对左侧的培训内容进行了思考和总结，并举了一些与实际工作相关的例子。这些例子涵盖了零散的思考和完整的实际案例。

在心得区，我记录了一些老师无意中提到的启发性的内容，以及在听课过程中的概括性心得。

上面分享的这个听课笔记适用于线下课程、网络直播课、视频课和音频课。

2. 阅读笔记

我同样将阅读笔记页面分为三个区域：

（1）阅读区。相当于听课笔记的课堂区，用于记录阅读材料（图书、研究报告、报纸、杂志、电影等）的关键内容。建议用自己的语言和版面来组织，这样做能加深自己对阅读材料的记忆与理解，同时方便日后复习和使用。

（2）理解区。这个区域的功能和用法与听课笔记的理解区完全一样，用于记录类比、应用举例和相关联的知识点。

（3）心得区。这个区域的功能和用法也与听课笔记类似，用于记录阅读中的启发和心得，以及对阅读材料的概括性总结。

这个示例是我 2017 年 11 月阅读《追寻记忆的痕迹》这本书时所做的阅读笔记（截取了笔记页前 1/10 的内容），如图 6-32 所示。

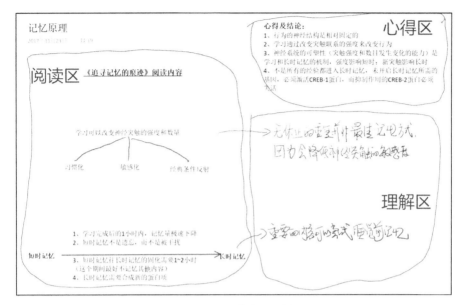

图 6-32　阅读笔记示例

在阅读区，我采用了自己理解的图表化方式记录书中的内容。

在理解区，我针对书中的一些重要概念和内容添加了自己的理解和解释。例如，对于"敏感化"这一概念，我增加了自己的理解"无休止的重复并非最佳方式，因为会降低神经突触的敏感度"。这就像寻求刺激一样，一开始一点儿刺激都能让人兴奋，但是随着重复的增加，兴奋的阈值会越来越高。为了得到同样的兴奋感，必须寻找更大的刺激。

针对短时记忆到长时记忆的转化机制，我在理解区记下了一个应用提示：重要的内容可以尝试在睡觉前记忆。

在心得区，我记录了读完这本书后的概括性结论。

这个阅读笔记方法适合你在运用多重阅读法的第二遍，以及主题阅读时采用。

场景 5　输出式笔记

输出式笔记与学习式笔记的主要区别在于，学习式笔记是以输入为主的，而输出式笔记是以输出为主的。

与学习式笔记相对固定的版面划分不同，输出式笔记的版面更为灵活，需要根据具体的输出内容来确定。但两者有一个共同点：应避免使用条目式的笔记样式，如 Word 文档中的 1、2、3 编号形式，而应尽量采用图表化的表现方式。

这里展示两种不同的输出式笔记样式，如图 6-33 和图 6-34 所示。

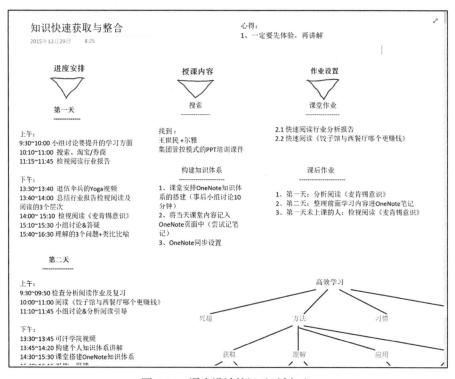

图 6-33　课堂设计笔记（示例1）

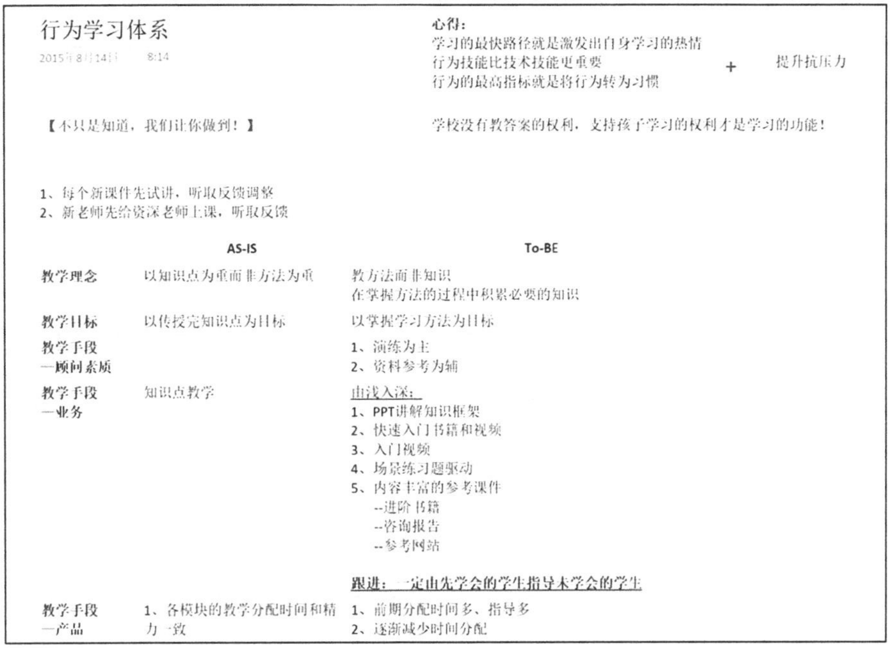

行为学习体系

2015年8月14日 8:14

心得：
学习的最快路径就是激发出自身学习的热情
行为技能比技术技能更重要 + 提升抗压力
行为的最高指标就是将行为转为习惯

【不只是知道，我们让你做到！】

学校没有教答案的权利，支持孩子学习的权利才是学习的功能！

1、每个新课件先试讲，听取反馈调整
2、新老师先给资深老师上课，听取反馈

	AS-IS	To-BE
教学理念	以知识点为重而非方法为重	教方法而非知识 在掌握方法的过程中积累必要的知识
教学目标	以传授完知识点为目标	以掌握学习方法为目标
教学手段 —顾问素质		1、演练为主 2、资料参考为辅
教学手段 —业务	知识点教学	由浅入深： 1、PPT讲解知识框架 2、快速入门书籍和视频 3、入门视频 4、场景练习题驱动 5、内容丰富的参考课件 --进阶书籍 --咨询报告 --参考网站 跟进：一定由先学会的学生指导未学会的学生
教学手段 —产品	1、各模块的教学分配时间和精力一致	1、前期分配时间多、指导多 2、逐渐减少时间分配

图 6-34　教学方法改进笔记（示例 2）

第 3 节　组织技巧，打造个人知识体系

在前面的两节中，我们学习了收藏技巧和笔记技巧，这两个技巧都是对某个具体知识点的运用。要真正有效地积累知识和经验，我们还需要更进一步地组织好这些知识。

在这一节中，我将与你分享如何组织电脑文件以及如何使用 OneNote 软件进行笔记整理。

电脑文件的组织

我们的个人知识和经验中，很大一部分不是以笔记形式存在的，而是以各种资料的形式存在的，如研究资料、PPT 方案、项目计划、调研纪要、录音、视频等。

这些资料如果组织得当，对个人知识和经验就是很好的补充和沉淀；如果组织不当，就会变得混乱无序，使得我们在需要的时候难以找到和使用它们。

一个组织良好的资料集合就像一串串精心串起的珍珠项链一样，每颗珍珠都有其固定的位置，我们可以轻易地找到并提取每颗珍珠。而那些未经整理的资料则像散落的珍珠，不仅难以寻找，而且彼此之间缺乏关联，无法形成一个有机的整体。

那么，如何才能将电脑中的资料整理得井井有条，像一串串项链一样易于管理和使用，而不是一堆散落的珠子呢？这就需要按照一定的逻辑关系来建立文件夹并存储文件。

电脑文件组织技巧1　按照能力体系组织

首先，可以按照个人能力体系组织工作目录（关于个人能力体系，可以在 YouCore 公众号回复 1003 查看"请将你的能力长成一棵树，而不是一片草"）。例如，我电脑中的工作目录是这样的，如图 6-35 所示。

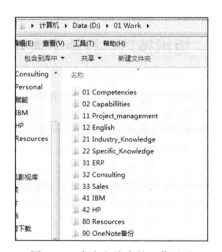

图 6-35　个人电脑中的工作目录

这个目录是按照我个人的能力树来构建的：

（1）以 0 开头的文件夹，是个人素质（01 Competencies）和核心能力（02

Capabilities）。

（2）以 1 开头的文件夹，是通用技能。我的职业路径是从程序员转为 ERP 实施顾问，再转为管理咨询顾问的。这些职业都很重视项目管理，因此项目管理就是我的通用技能之一（11 Project_management）。同时，因为我之前都在外企工作，因此英语也成了我的通用技能之一（12 English，但自从开始做 EYA 和 YouCore 后，我就不再将英语放在通用技能上了）。

（3）以 2 开头的文件夹，是专业知识，包括行业知识（21 Industry_Knowledge），如房地产行业知识、物流行业知识等，以及领域知识（22 Specific_Knowledge），如财务知识、供应链知识等。

（4）以 3 开头的文件夹，是我从事过的职业，包括 ERP 实施顾问（31 ERP）、企业管理咨询顾问（32 Consulting），以及售前顾问和销售（33 Sales）。在这些文件夹中，我仅存放跟这些职业相关的资料。例如，在 Consulting 目录下，我存放了各种咨询工具、咨询方案模板等。

（5）以 4 开头的文件夹，是我待过的公司，如 41 IBM、42 HP。在这些文件夹中，我仅存放这些公司特有的资料。例如，在 IBM 的文件夹中，我存放了入职指南、绩效记录、做过的项目等。

（6）以 8 和 9 开头的文件夹。一般在以 8 开头的文件夹中我会存放各种资源性的资料，如电子书；在以 9 开头的文件夹中我会存放各种备份文件。

也许你已经注意到，我跳过了以 5、6、7 开头的文件夹。在创建文件夹或文件时，我会留出一些编号作为储备，这样做能够确保命名体系的灵活性。当未来有新的想法或分类需求时，就可以使用这些预留的编号。

为了避免文件夹层次过多造成使用上的不便，我会将一段时间内常用的资料直接放在根目录下。例如，在 HP 工作时，我将其作为一个与工作目录（01 Work）并列的文件夹；当我离开HP后，再将其移到工作目录中。

因此我现在所在公司的资料（07 赋能）也是直接放在D盘根目录下，与工作目录并列。

电脑文件组织技巧2　按照业务领域组织

目前，你可以按照另一种方式来组织工作目录，即按照管理和业务运营领域来组织。

例如，赋能的目录就是按这种方式组织的，如图6-36所示。

图6-36　赋能的目录

主线是按照公司创立和业务发展的顺序，首先制定商业计划和战略（00 战略规划），然后开拓市场（10 市场及运营），接着规范内部管理（20 内部管理）。之后，开展尔雅和YouCore的业务（30 YouCore、31 尔雅），积累了一系列项目（40 Projects），并开展了企业内训业务（50 企业内训，因为这个业务横跨尔雅和YouCore，所以单独列出）。最后是合作伙伴和资料备份部分（同样为了保持灵活性和扩展性，跳过了6、7编号，从8开始命名）。

主线搭建完成后，具体的业务可以按照价值链的环节来搭建下一级的文件目录。例如，我按照业务链的顺序搭建了"31 尔雅"这个文件夹的子目录，如图6-37所示。

图 6-37　按照业务链顺序搭建的文件目录

以上就是关于电脑文件的组织和命名技巧。

此外，我还要多提醒你一点：建立一个便捷的检索方式。

电脑文件组织技巧 3　检索

目前，我们建立的文件目录都是单一维度的，但其实这些文件资料在实际使用中都是多维的。一个文件可能既属于这个目录，又属于另一个目录。因此，建立一个便捷的检索机制是十分必要的，以便迅速找到这些文件资料。

我向你推荐一款名为"Everything"的软件。它可以根据文件名称中的关键字，迅速在电脑硬盘中搜索所有文件。其检索速度非常快。图 6-38 就是我用 Everything 检索"youcore"的结果，整个过程不到 1 秒，快速地检索出我电脑中所有包含"youcore"关键字的文件夹和文件。

图 6-38　Everything 检索结果

当然，使用 Everything 进行检索时，还有很多小技巧可以进一步提升检索的速度和精确度。

○ **笔记的组织**

尽管我们精心地组织了电脑文件，但还不足以建立个人知识体系。要完整地建立个人知识体系，还需要借助电子笔记工具。市面上有许多主流的电子笔记软件，如 OneNote、印象笔记、有道云、语雀和 Notion 等。

接下来，我将以 OneNote 2010 版本为例，演示如何构建个人知识体系。请注意：2010 年以后的 OneNote 版本在布局上可能与我的演示有所不同。如果你想采用我这个布局方式，可以按照如下两步进行设置：

（1）选择"文件"→"选项"，在弹出的"OneNote 选项"对话框中，选择左侧的"显示"标签，并且按图 6-39 所示勾选显示项。

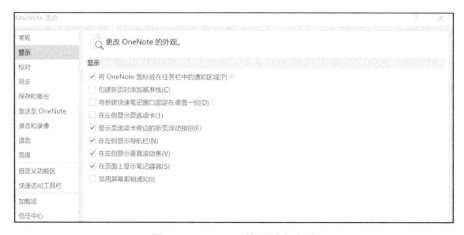

图 6-39　OneNote 外观更改选项

（2）选择在侧面固定笔记本窗格，如图 6-40 所示。

完成以上设置后，你的 OneNote 界面布局将与我演示的一致。

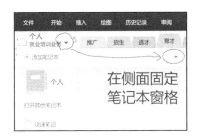

图 6-40　在侧面固定笔记本窗格

使用 OneNote 构建个人知识体系，主要分为三个步骤。

步骤 1　画出个人知识体系

个人知识体系的构建可以根据不同的需求和维度来进行，无论是从整个职业生涯的角度，还是针对某个具体项目或岗位。对于新手来说，建议从熟悉的岗位出发，基于岗位要求搭建个人知识体系，这样更容易上手，并且在应用中能够快速检验和调整。

例如，我在 2010 年从 ERP 实施顾问转型到企业管理咨询顾问的时候，针对管理咨询顾问的要求搭建了个人知识体系，如图 6-41 所示。

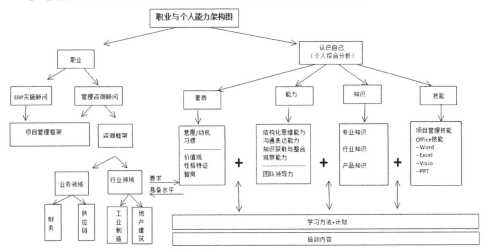

图 6-41　个人知识体系示例

你会发现，我电脑上的文件目录其实也是按这个框架来组织的。

步骤2　创建 OneNote 多层次框架

个人知识体系搭建好之后，就可以使用 OneNote 来整理和组织知识。

OneNote 具有强大的层次结构和关联关系，能够清晰地呈现知识体系架构。通过创建笔记本、分区组、分区、页面和子页面，可以逐层构建知识体系框架（见图6-42）：

（1）一个笔记本里面可以有无数的分区组。

（2）分区组下面可以有无数的分区。

（3）分区下面可以有无数的页面。

（4）页面下面可以有无数的子页面。

（5）子页面下面还可以有更低层次的子页面。

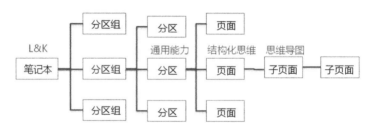

图 6-42　OneNote 笔记层次结构

同时，OneNote 还支持页面之间的自由链接，使得知识之间能够建立广泛的联系。下面请跟我一起构建知识体系框架。

首先，我构建了"L&K 笔记本"，以承载完整的顾问知识体系。图6-43 是"L&K 笔记本"架构的全貌。

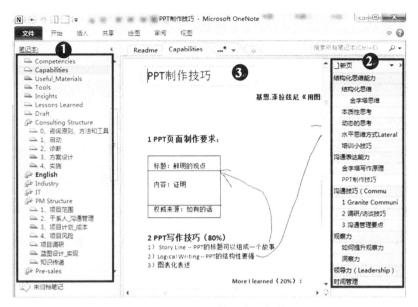

图 6-43　"L&K 笔记本"架构

其次，我在"L&K 笔记本"中建立了"Competencies"（素质）、"Capabilities"（能力）等分区，以及"PM Structure"（ERP 实施框架）、"Consulting Structure"（咨询框架）等分区组，清晰地呈现了个人职业及能力框架的总体架构（见图 6-43 左侧①）。

最后，以"Capabilities"（能力）分区为例，我在该分区下建立了"结构化思维能力""沟通表达能力""观察力""领导力"等页面（见图 6-43 右侧②）。通过分区下的页面及子页面设计的形式，清晰地呈现了"能力"维度的具体组成。

通过以上设计，可以将新学到的知识快速地归集到知识体系中。同时，能够让我们系统、快速地了解到能力的薄弱环节，从而有目的地主动学习。

步骤 3　填充页面内容

OneNote 的另一个独特之处是，随时可以在页面的任意位置进行编辑，这有助于将长时间积累的同类知识点和心得归纳在同一个地方。

这样做有两个好处：

（1）每次编辑时都可以实现相关知识的反复参照，加强记忆。

（2）实现知识的增量积累，避免知识点和经验随时间丢失。

例如，我在"PPT 制作技巧"子页面中记录的内容（见图 6-43 中间③），就横跨了至少两年的时间。每次学到新的内容或有新的感悟时，我就进行修改、补充。

通过这种方式积累知识，可以随时分享相对工整的内容。这也是我创办尔雅和YouCore 时，快速开发出一套完整的顾问培养体系的原因。

完整的个人知识体系还可以帮助你更好地进行碎片化学习，做到碎片化输入、体系化积累（我写过一篇"关于碎片化学习，看这一篇就够了"，限于篇幅关系没有收录在本书中，你可以在 YouCore 公众号回复 1011 查看）。

总之，通过有序地组织电脑文件和电子笔记工具，你可以完整地构建出个人知识体系。在构建过程中，要注意从实际需求出发，结合自己的经验和岗位要求，逐步完善和扩充知识体系。同时，不断积累和整理知识，将碎片化学习和体系化积累相结合，逐步建立自己的知识库。

总结

这一章我与你分享了收藏技巧、笔记技巧和组织技巧。这三个技巧是逐层递进的。

（1）收藏技巧是打造个人知识体系的基础。在收藏时，电子笔记和剪藏软件都可以使用。如果你追求更轻量级、更便捷的应用，微信收藏也是一个不错的选择。

（2）笔记技巧是连接知识仓库和个人知识体系的桥梁。在电子笔记逐渐取代纸质笔记的趋势下，我强调了纸质笔记在速记和深度理解方面的核心应用价值。之后重点介绍了电子笔记的五个主要应用：速记式笔记、流程式笔记、梳理式笔记、学习式笔记和输出式笔记。

（3）组织技巧是构建个人知识体系的关键。通过电脑文件的有序组织和 OneNote

笔记的层次结构，你可以将个人知识体系有序地组织起来。在组织技巧中，我强调了先画出个人知识体系的重要性。

学员感言

我曾使用纸质笔记本，但携带不便，且检索困难。整理笔记时，我常常需要重复抄写或剪裁。然而，电子笔记完美解决了这些问题。

——学员 1

虽然我曾使用印象笔记作为存储工具，但内容较为散乱。为了真正消化并形成自己的知识体系，我选择搭配 OneNote 进行整理，将内容整合进我的知识框架中。

——学员 2

书外求助

看了这一章，你在积累知识方面还有其他问题吗？

例如：我虽然知道只收藏不消化的知识仓库不好，但懒得将知识整理进知识体系，该怎么办？

或者，想不想知道其他人的积累小技巧？

关注微信公众号 YouCore，发送"学习力"，即可入群获得书外求助。

第7章

应用技巧，学了就能用

假设你是一名新入职的市场分析师，负责收集和分析指定行业的各类信息，撰写该行业的市场趋势分析报告，并且你入职的公司有一套自己研发的情报采集系统和市场分析方法。现在要求你一周内，写出一份关于珠三角市场的趋势分析报告。如果做不到，你就可能通不过试用期，需要另谋高就。

为了应对这个挑战，你需要尽快熟悉并掌握这套情报采集系统和新公司的市场分析方法。这样你才能在一周内撰写出一份合格的市场趋势分析报告。

随着工作经验的积累，你需要不断提升对这套情报采集系统的熟练程度，深入理解市场分析方法，从而在工作中取得更好的成绩。

职场学习是一种功利性学习，需要针对实际工作需要进行学习。这类学习有两个典型特征：① 为用而学，要求学习内容能够直接应用于实际工作；② 能够随着时间的推移不断深化和拓展所学的知识和技能。

为了实现职场学习的目标，有两个简单实用的应用技巧：① 最简应用；② 自然重复。

第1节　最简应用：再难的任务也能快速上手

在职场上，我们经常面临时间紧迫的情况，需要快速学习并掌握新的技能来完成任务。

例如，你从未剪辑过视频，但突然接到一个紧急的视频剪辑任务。时间非常紧张，上午 10 点接到任务，下午 4 点前就要完成。而且，以前负责视频剪辑的同事又联系不上。

在这种情况下，你怎么开始这项任务？

更佳的做法是从任务目标出发，仅学习和应用任务所需的部分。

例如，针对视频的剪切合并，直接打开格式工厂的帮助文件进行查询，或者在搜索引擎中搜索"如何用格式工厂剪切合并视频"，如图 7-1 所示。

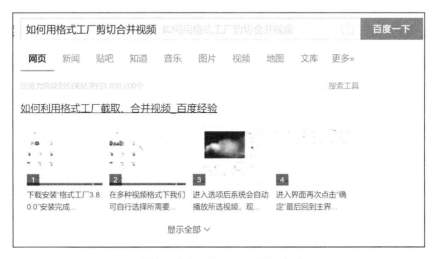

图 7-1　搜索"如何用格式工厂剪切合并视频"

针对音量和噪音的处理，首先在格式工厂的帮助文件中查询，或者继续用搜索引擎搜索"如何用格式工厂分段调整视频音量""如何用格式工厂去除噪音"。你会发现格式工厂没有这个功能，因此就可以转用 GoldWave 来处理。

GoldWave 是一款纯音频处理软件，因此你需要先用格式工厂从视频中分离出音频。这个操作方法通过搜索"如何用格式工厂将视频和音频分开"就可以找到，如图7-2 所示。

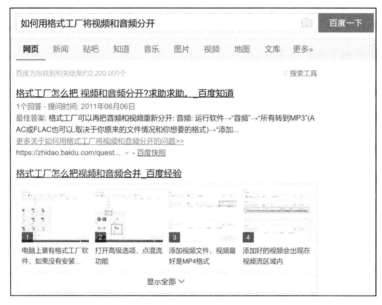

图 7-2　搜索"如何用格式工厂将视频和音频分开"

同时，还知道了分离后的视频和音频如何混流合并。

接下来，利用 GoldWave 处理声音。采用同样的方法，首先直接搜索"如何用 GoldWave 调整局部音量大小""如何用 GoldWave 消除噪音"，如图7-3 和图7-4 所示。

处理完声音后，再用格式工厂将声音和分离出的视频混流。

图 7-3　搜索"如何用 GoldWave 调整局部音量大小"

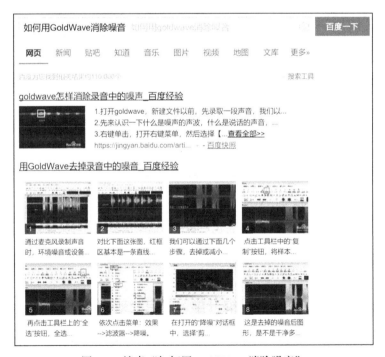

图 7-4　搜索"如何用 GoldWave 消除噪音"

最后，用同样的方法，再混流加入背景音乐。这个紧急的视频剪辑任务就大功告成了。

这种方法的关键在于完全以任务目标为导向，避免在不必要的内容上浪费精力和时间。这使得即使是一个毫无经验的新手，也能在最短的时间内完成从未尝试过的任务。

其实，这种最简应用的方法不仅适用于应对时间紧迫的任务，在我们学习任何相对复杂的方法或技能时同样适用。通过这种方法，可以实现以下两个主要好处。

○ 好处 1　花费更少的时间，快速满足工作要求

例如，GoldWave 这款声音处理软件的功能和参数非常多，如果不采用最简应用的方法去学习，可能需要花费数天时间。

即使投入时间去学习，也可能因为缺乏实际应用而导致理解不深、容易遗忘。

实际上，大多数方法和技能在日常工作中最常用的部分只有核心内容和功能。这些核心内容和功能学习起来并不需要太多时间，反而是细节和特殊情况的处理会耗费大量的时间和精力。

因此，在初步应用一个方法和技能时，最好以最少的时间掌握最核心的基本功能，细节和特殊情况的处理可以在后续工作中逐步积累。

例如，学习 OneNote 的使用时，不必花费大量时间去观看使用视频，而是直接根据自己的需求创建笔记本、分区和页面，将填充所需内容。遇到不清楚的地方时，可查阅帮助文档或利用搜索引擎进行检索。

○ 好处 2　降低应用难度，提升学习的自我效能感

最简应用的方法，不仅可以迅速满足工作需求，还能显著降低学习和掌握复杂技能的难度，从而提高学习效率，增强自信。

学习的最大挑战之一就是面对复杂性。真正会学习的人擅长将复杂问题简单化，从基础开始，逐步深入。因此，他们不惧怕任何学习内容，逐步建立起强大的信心。

很多人对自己的学习能力缺乏信心，主要原因是他们不懂得如何简化问题。他们在学习新方法或新技能时，往往陷入各种复杂细节中，导致学习内容过多，难以理解和记忆。这种学习方式很容易让人产生畏难情绪，逐渐丧失对掌握复杂方法和技能的信心。

举个 AI 绘画的例子。当今使用 AI 绘画的工具有很多，基本上都可以文生图，也就是输入文字即可生成图片。我们这里以 Midjourney 为例。

在《中国诗词大会》上，有一个画图猜诗的环节，康震老师画图，参赛选手猜诗。有的孩子觉得很有意思，也想和父母一起玩这个游戏。但一般的父母没有康老师的绘画功底，怎么办？这时候就可以考虑让 Midjourney 帮忙了。

如图 7-5 所示，如果父母可以画出来，孩子就可能猜到是"停车坐爱枫林晚"。

图 7-5 Midjourney 生成的"停车坐爱枫林晚"图片

如何利用 Midjourney 绘画呢？还是化繁为简。

这句诗的重点是"枫林"，我们就先来画"枫林"。由于利用 Midjourney 绘画要输入英文，因此我们直接利用百度翻译，将"枫林"翻译成英文"Maple Forest"，如图 7-6 所示。

图 7-6　翻译"枫林"为英文

在 Midjourney 中输入"Maple Forest"，效果如图 7-7 所示。

图 7-7　Midjourney 生成的"枫林"图片

图片画得还不错，有枫林的感觉，但这句话是古诗，图片最好有中国古画的感觉。我们继续用百度翻译，将"中国古画"翻译成英文"Chinese Ancient Painting"，如图 7-8 所示。

图 7-8　翻译"中国古画"为英文

在 Midjourney 中输入"maple forest, Chinese ancient painting"，效果如图 7-9 所示。

图 7-9　Midjourney 生成的"枫林，中国古画"图片

中国古画的意境有了。下面我们加入"一辆唐朝马车"，将其翻译成英文"one Tang Dynasty's carriage"。

在 Midjourney 中输入"maple forest, one Tang Dynasty's carriage, Chinese ancient painting"，效果如图 7-10 所示。

图 7-10　Midjourney 生成的"枫林，一辆唐朝马车，中国古画"图片

有了枫林，有了马车，我们再加入"傍晚"，其英文为"evening"。

在 Midjourney 中输入 "maple forest, one Tang Dynasty's carriage, evening, Chinese ancient painting"，效果如图 7-11 所示。

图 7-11　Midjourney 生成的"枫林，一辆唐朝马车，傍晚，中国古画"图片

这时候"停车坐爱枫林晚"已跃然纸上。

你可能会在网上看到其他图片，如图 7-12 所示。

图 7-12　网上搜索到的"停车坐爱枫林晚"图片

看了之后，你可能想能不能模仿它的风格呢？

这时，你就可以在之前输入的基础上，进一步利用 Midjourney 的垫图功能，上传你想模仿的图片，并得到图片的访问地址。

接着，在 Midjourney 中输入指令，如 "maple forest, one Tang Dynasty's carriage,

evening, Chinese ancient painting"，并附上之前获得的图片访问地址，效果如图 7-13
所示。

图 7-13　Midjourney 运用垫图功能生成的图片

已经可以看到模仿图片的初步效果。如果想让模仿的比重再高一些，那么可以调
整权重的数值，如 "--iw 2"。

再在 Midjourney 中输入指令和调整后的权重，如 "maple forest, one Tang Dynasty's
carriage, evening, Chinese ancient painting --iw 2"，并附上图片访问地址，效果如图 7-14
所示。

图 7-14　Midjourney 增加模仿权重后生成的图片

通过逐步增加条件和多轮迭代，你能够更轻松地掌握复杂的 Midjourney 咒语。在这个过程中，你不会感到畏难，反而会充满信心地学好和应用 Midjourney。学习高手的自我效能感正是在这样的过程中逐渐建立起来的。

实际上，这些内容已经涵盖了 Midjourney 咒语的核心，即主体、细节、风格和参数。其他更深入的内容则需要根据每个人的具体情况进行迭代应用。有些内容可能一生都不用到，因为 Midjourney 作为工具需要考虑各种不同的情况，而我们实际应用中仅涉及其中的一部分。

因此，采用最简应用的方法，我们可以减少学习时间，快速满足需求，降低学习和应用的难度，并提升自我效能感。

第 2 节　自然重复：别人的经验可以复制

针对职场中的学习，我们不仅需要采用最简应用快速满足工作需求，还需要不断地重复核心技能和方法，并且随着时间的推移，使其越来越熟练和深刻。

然而，工作与在校学习不同，很难再抽出专门时间进行复习。随职位越来越高、工作越来越重要，这种情况愈发明显。

因此，我们需要将学习和工作合二为一，在工作中自然地重复和深化学习内容。要做到这一点，可以采用下面两个方法：

（1）提炼模板或 Checklist。

（2）整体应用。

○ 方法 1　提炼模板或 Checklist：别人的经验可以复制

你有没有发现，在工作中，尽管接触了大量的方法和技能，但往往只是看着好像都懂，实际操作时才发现因为不熟练而无法运用自如。

大多数人在学习新方法或新技能时，首先面临的障碍是无法将其简化，以降低理解难度。其次是缺乏足够的时间或毅力去练习，未能将其养成习惯。

以好莱坞电影的故事结构为例，乍一看，你可能觉得它很简单，没有理解难度。

如果经常看好莱坞大片，你就会发现很多经典电影的故事结构都非常相似，是典型的四段结构，如图 7-15 所示。

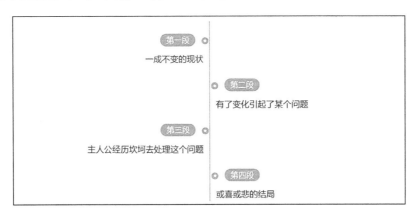

图 7-15　好莱坞大片的故事结构

例如，《功夫熊猫》就是这种典型的好莱坞故事结构。

第一段：大熊猫阿宝和领养他的鹅爸爸在"和平谷"经营着一家拉面店（一成不变的现状）。

第二段：在一次特殊的比武大会上，阿宝意外被选中为"神龙大侠"，肩负起消灭邪恶大龙的任务（有了变化引起了某个问题）。

第三段：阿宝经历磨难，克服了"和平谷"五位功夫大师的冷漠，赢得了"师傅"的信任，成为一名功夫高手，最后战胜了邪恶雪豹大龙（主人公历经坎坷成为真正的神龙大侠）。

第四段：阿宝为"和平谷"带来和平，成为真正的神龙大侠（欢喜结局）。

这种好莱坞结构就是一个优秀的故事模板，可供我们参考和借鉴。

例如，当你需要向领导汇报如何将原本销量不佳的产品成功推销出去时，就可以借鉴这种故事结构。

1. 确定第一段和第四段

第一段：公司的1匹空调销售不佳，市场份额持续下滑（一成不变的现状）。

第四段：经过策划和执行，1匹空调比上季度销量提升了350%，市场份额显著增长（结局）。

确定好这两段后，故事主旨就有了：一直销售不佳的1匹空调，比上季度销量提升了350%。

2. 设计第二段的"变化"，引出"问题"

变化：策划"送孝心"活动，旨在通过情感营销提升1匹空调的销量。

问题：活动效果如何？能否扭转销售下滑的局面？（引起听众的好奇）

3. 第三段设计障碍，并突破它们

● **障碍1：吸引力**（如同阿宝的障碍1——五位功夫大师的冷漠）

如何让这个活动对有父母的消费者产生吸引力呢？我制作了一个短片，将产品与情感紧密结合。短片讲述了一位孤独老人在家中被冻得瑟瑟发抖的场景，而当我们的空调开启后，画面变得明亮温暖，老人的思绪也转向了远方的子女。

● **障碍2：覆盖面有限**（如同阿宝的障碍2——师傅不信任他）

如何让更多的人接触到这个短片呢？除了将短片上传到各大主流视频平台，我还撰写了一篇情感浓厚的软文并投放到326个公众号。这使得至少1300万的目标人群得以接触这一活动信息。

- **障碍3：及时性**（如同阿宝的障碍3——邪恶的大龙）

有了订单后，如何承诺及时送货、安装的问题呢？我迅速协调了相关部门，临时增加了送货和安装的人手，确保每一位消费者都能在第一时间体验到产品带来的舒适与便利。

4．将故事整合成一句清晰的打动人心的信息

通过"送孝心"活动，成功克服了吸引力、覆盖面和及时性等阻碍，使1匹空调销量比上季度提升了350%，实现了销售的逆袭。

如果采用"讲故事"的方式进行汇报，是不是更容易打动人心，提升汇报效果？确实，这种方法看似简单，但在实际应用中，我们可能会面临一些问题。

我们要么可能因为没有时间练习而放弃；要么等到要用的时候，因为不熟练而无法使用。

为了解决这些问题，我们可以考虑将故事性汇报的技能设计为一个模板（见图7-16）。这样，下次需要汇报时，我们可以直接参照模板填写内容。

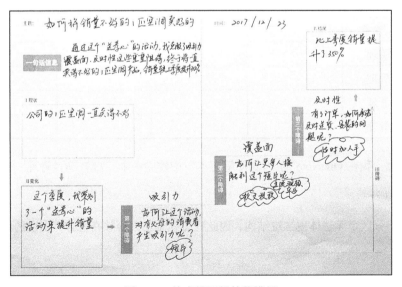

图7-16　故事性汇报技能模板

这种设计模板的方式不但上手容易，而且随着使用次数的增加，我们的熟练度会越来越高，对汇报技能的理解会越来越深。

此外，我们还可以将一些方法提炼为 Checklist（清单）。通过这种方式，我们可以在工作中轻松地启用这些方法。

○ 方法 2　整体应用：你也可以有自己的专属方法论

有一些方法论因为内容丰富且复杂，仅提炼为模板或 Checklist 并不够，它们需要被结构化为一个更系统的框架。例如，项目管理方法论和互联网运营方法论等。

以我在工作中应用 ERP 项目管理方法论的经验为例，演示如何构建完整的框架并在实际工作中进行整体应用。

首先，我将 ERP 项目管理方法论的内容整理成二维矩阵框架，如表 7-1 所示。

表 7-1　ERP 项目管理方法论的二维矩阵框架

管理领域	实施阶段			
	项目调研	蓝图设计	蓝图实现	知识传递
范围管理				
干系人管理				
沟通管理				
计划管理				
成本管理				
风险管理				

然后，我在 OneNote 的"L&K 笔记本"中建立一个"ERP 项目管理"分区组，如图 7-17 所示。

由于分区组无法体现二维结构，因此我将纵轴的内容放在上方，横轴的内容放在下方。

接下来，我新建了一个"Projects 笔记本"，用于记录项目实践，如图 7-18 所示。

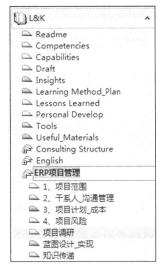

图 7-17　"L&K 笔记本"中的"ERP 项目管理"分区组　　　图 7-18　Projects 笔记本

10 年前我从事 ERP 项目实施的时候，每开始一个新的项目，我会复制"ERP 项目管理"分区组（见图 7-17）并粘贴到"Projects 笔记本"中作为新的分区组（见图 7-18），用作该项目的项目笔记。

这样一方面可以确保我所学的 ERP 项目管理知识能够系统地应用于实际工作中，另一方面使得每个项目的实施经验都能够被系统、即时地沉淀下来。通过这种方法，每完成一个 ERP 项目，我都会将最新的项目笔记更新回"ERP 项目管理"分区组中，作为最新的 ERP 项目管理知识体系框架。这样，每个项目的实施经验都能得到及时的总结和提炼，避免了不总结或事后总结体会不深的问题。

通过这种方法，我每做一个 ERP 项目就相当于积累一般顾问五个项目的经验，因此成长得非常快。在从事 ERP 实施不到两年的时间里，我就成为深圳分公司的首席实施顾问。

当我转型成为管理咨询顾问和售前顾问时，我也采用了同样的方法：先在"L&K笔记本"中构建管理咨询和售前项目的项目管理知识体系框架；有新项目时，复制该框架作为项目的笔记框架；每次完成项目后，提炼经验并更新到"L&K 笔记本"的项目管理知识体系框架中。我在两家知名咨询公司工作时取得的工作业绩都得益于这种方法。

总结

职场中的学习是一种典型的功利性学习，它有两个要求：① 为用而学，而且要求学习内容能够直接应用于实际工作；② 能够随着时间的推移不断深化所学的知识和技能。

掌握下面两个应用技巧能帮你很好地满足职场学习的要求。

技巧 1　最简应用

采用最简应用的方法，你需要：① 紧贴工作需要，只学需要用的内容；② 学习相对复杂的方法或技能时，先抓住主干，在最简单的情况下应用最核心的基础功能，再逐步增加条件，多轮迭代。

这样，你就可以：① 花费更少的学习时间，快速满足工作要求；② 降低应用难度，提升学习的自我效能感。

技巧 2　自然重复

要做到在工作中自然重复，你需要：① 提炼模板或 Checklist；② 整体应用。

运用这两个技巧，你就无须专门抽出时间复习，而是可以将工作和学习合二为一，在工作中自然地重复和深化学习内容，将方法和技能越用越熟练、越用越深入。

学员感言

我学东西时总是想要面面俱到，一步到位。然而，这样容易陷入不重要的细节中，导致基础内容掌握不扎实。如果能从最简单的应用开始，逐步增加难度，我会有更多的信心，学习速度也会提升。

——学员 1

我工作的时候总是想着如何提升自己的能力，而学习的时候又担心工作没做完。这种焦虑让我感到身心疲惫。如果能将学习中的方法提炼成模板框架，并应用到工作中，使两者相互统一，或许能减轻我的压力和焦虑感。

——学员 2

书外求助

看完了这一章，应用中的问题都迎刃而解了吗？

例如：知道了最简应用，但抓不住主干、核心，也就是不知道怎么把复杂问题简单化，该怎么办？

或者，知道了自然重复，但如何可以做到不仅重复，还不断改进呢？

关注微信公众号 YouCore，发送"学习力"，即可入群获得书外求助。

第 8 章

搜索技巧，精准资料一搜就有

你有没有遇到过这样的情况：当你急需某个资料或信息时，自己翻遍了各种搜索引擎却一无所获。然而，当你向他人寻求帮助时，他们能迅速地找到并提供给你所需的信息。查了半天，这让你不禁开始怀疑，是不是自己的搜索技巧出了问题，甚至怀疑是不是使用了"假"的搜索引擎。

事实上，这并不是你的搜索技巧有问题，而是你还没有掌握一些高级的搜索技巧。

这一章，我们将学习一些实用的搜索技巧：

• 如何更高效地使用搜索引擎。

• 如何找到搜索引擎找不到的内容。

• 如何确定精准的搜索关键词。

第 1 节　搜索引擎使用技巧，让搜索更高效

在《白雪公主和七个小矮人》这个童话中有一面具有神奇力量的魔镜，它无所不知。正是因为王后向这面魔镜询问"谁是世界上最美丽的女人"，

才引发了一系列扣人心弦的故事。

在现实世界的网络搜索中，大多数人也将搜索引擎当作无所不知的魔镜，直接在搜索框中输入完整的问题或长段描述，期待能得到精确的答案。

然而，与童话中的魔镜不同，如果我们不了解搜索引擎的工作原理，这种使用方式往往会导致搜索结果不尽如人意，甚至无法找到我们需要的信息。有时，这些结果可能出现在 50 页之后，使得我们难以找到。

因此，在不熟悉搜索引擎工作原理的情况下，许多"新手"常常犯这样的错误。

○ 搜索引擎的工作原理（以百度为例）

当在搜索框中输入内容并点击"百度一下"时（见图 8-1），搜索引擎并不像《白雪公主和七个小矮人》中的魔镜那么智能。它实际上在做的工作是匹配工作，而非直接回答问题。

图 8-1　百度搜索框

那么，它与什么进行匹配呢？答案是与百度的索引，而不是整个互联网的网页内容。

索引，简单来说，就是关键词的集合，能够帮助我们快速定位到所需查找的内容。

在我们的日常阅读中，纸质图书也有索引。例如，当我们想了解"皮格马利翁效应"时，我们可以直接查阅图书的索引部分，快速找到对应的页码。

搜索引擎的工作原理与此类似。

搜索引擎并不会临时去互联网上所有的网页进行查找和匹配。相反，它们会在你检索之前预先建立索引。通过运行名为爬虫的程序，搜索引擎会采集互联网上的网页内容，并进行加工处理，建立相应的索引。

当在搜索框中输入关键词时，搜索引擎会直接在自身的索引库中进行查找和匹配，找到对应的网页。这样匹配出来的页面可能有很多，搜索引擎会根据多种因素给每个匹配的页面打分，例如网页中出现关键词的次数、关键词是不是出现在网页的标题里、网页地址中含不含关键词、网页中含不含关键词的同义词、网站的权威性等。

基于这些因素，搜索引擎会给每个网页的综合排名打分，最后按先后顺序展现在屏幕上。整个过程不超过1秒。

要想检索到所需的内容，关键在于找到正确的关键词并匹配到索引。这就像《还珠格格》中的紫薇对皇上说："皇上，你还记得大明湖畔的夏雨荷吗？"只要输入"大明湖"和"夏雨荷"这两个关键词，就可以唤起所有的回忆。

因此，了解搜索引擎的检索规则是关键。虽然各个搜索引擎的检索规则有所不同，但了解这些规则将有助于我们更有效地使用搜索引擎。

⤵ 书外求助

想不想获得关于搜索引擎规则的其他技巧？

关注微信公众号 YouCore，发送"学习力"，即可入群获得书外求助。

○ 其他通用搜索引擎

我们一直以百度为例，当然，还有其他一些通用搜索引擎。

例如，微软的 Bing，如图 8-2 所示。

图 8-2　微软的 Bing

搜狗搜索，如图 8-3 所示。

图 8-3　搜狗搜索

谷歌搜索，如图 8-4 所示。

图 8-4　谷歌搜索

○ **搜索引擎的专项搜索**

百度除了搜索网页，也可以搜索学术文献、图片、视频，甚至让你身临其境置身某个街道。由于篇幅的关系不在这里赘述。

📎 **书外求助**

想不想获得关于搜索引擎专项搜索的其他技巧？

关注微信公众号 YouCore，发送"学习力"，即可入群获得书外求助。

第2节　常用网站资源介绍，搜索引擎外的宝藏

通用搜索引擎虽然强大，但并非所有信息都能通过搜索引擎检索到。

原因主要有两点：一是搜索引擎的爬虫需要时间去爬取各个网站的网页内容，存储到自己的服务器上建立索引。如果某些网站更新速度快，或者禁止搜索引擎爬虫爬取信息，那么这些内容就不会被搜索索引收录。

二是通用搜索引擎处理的信息量巨大，因此在搜索一些特定领域的专业信息时，其效率可能会逊色于专门的网站。这些专门的网站更像是"在池塘中捞鱼"，而通用

搜索引擎则是"在大海中捞鱼"。

以下是一些专门网站。

网站历史查询

有时，我们使用搜索引擎检索出的结果，点击后却发现网页已被删除。这时，如果使用下面这两个网站的话，神奇的效果可能就出现了：被删除的网页竟然被保存下来了！

"中国 Web 信息博物馆"页面，如图 8-5 所示。

图 8-5　"中国 Web 信息博物馆"页面

"网站历史查询"页面（以 Wayback Machine 为例），如图 8-6 所示。

图 8-6　"网站历史查询"页面

例如，在"网站历史查询"网上可以查到百度历史上 2003 年 2 月 5 日的页面是什么样的，如图 8-7、图 8-8 和图 8-9 所示。

图 8-7　"网站历史查询"检索百度示例

图 8-8　选择想要查看的日期

图 8-9　搜索到的百度历史页面示例

○ **主题聚合网站**

SlideShare 是 PPT 分享网站。可以在其中检索到国外很多制作优良、内容专业的

PPT，如图 8-10 所示。

图 8-10　PPT 分享网站 SlideShare

Pixabay 网站提供的免费高清图片库，如图 8-11 所示。

图 8-11　免费高清图片库网站 Pixabay

Iconfont 网站是国内功能强大且图标内容丰富的矢量图标库，提供矢量图标下载、

在线存储、格式转换等功能，如图 8-12 所示。

新榜网站提供微信公众号的相关信息，如图 8-13 所示。

图 8-12　矢量图标库网站 Iconfont

图 8-13　检索微信公众号相关信息的网站"新榜"

○ 行业网站

如果想了解一家企业或行业的相关信息，为制作分析报告提供素材，可以访问公司官网、财经证券网站或频道、行业协会网站等。

以华大基因为例，可以从招聘网站或百度中检索到公司官网，如图 8-14 所示。

华大基因公司官网如图 8-15 所示。

如果是上市公司，还可以查看其招股说明书，如图 8-16 所示。

图 8-14　通过百度检索公司官网示例

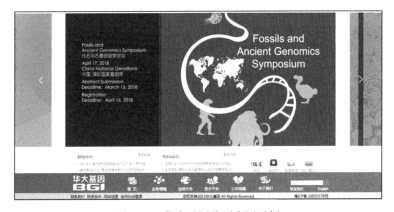

图 8-15　华大基因公司官网示例

图 8-16　通过百度检索上市公司招股说明书示例

在查询结果中第一个就是华大基因招股说明书对应的网站，如图 8-17 所示。

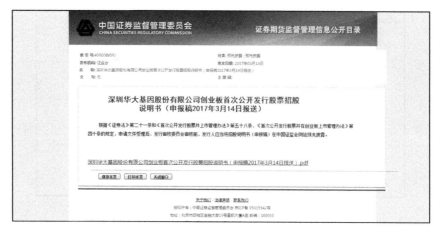

图 8-17　上市公司招股说明书对应的网站

将招股说明书下载下来，其中有丰富的公司信息，如图 8-18 所示。

第六节 业务和技术	194
一、公司主营业务、主要产品或服务的基本情况	194
二、公司所处行业的基本情况	209
三、公司销售情况和主要客户	233
四、公司采购情况和主要供应商	236

27

深圳华大基因股份有限公司	首次公开发行股票并在创业板上市招股说明书（申报稿）
五、主要资产情况	241
六、公司取得的资质认证和许可情况	302
七、技术和研发情况	321
八、境外生产经营情况	341
九、未来发展与规划	344
第七节 同业竞争与关联交易	**350**
一、同业竞争情况	350

图 8-18　上市公司招股说明书（申报稿）示例

除了公司本身披露的信息，还可以查看机构研报。

例如，在慧博投研资讯网站注册后，可免费下载机构研报，如图 8-19 所示。

在搜索框中输入"华大基因"得到查询结果，如图 8-20 所示。

图 8-19　慧博投研资讯网站

图 8-20　在慧博投研资讯网站中检索"华大基因"示例

在财经证券网站或频道也可以查询到行业研究、相关公司的研究报告等。

一般大型的门户网站都有财经频道，如图 8-21 和图 8-22 所示。

图 8-21　新浪网的财经频道

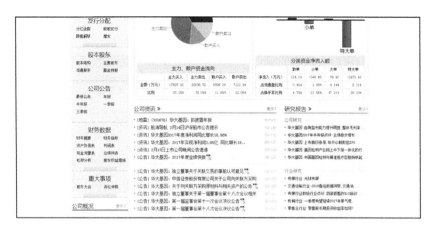

图 8-22　"公司资讯""研究报告"在新浪财经频道的位置

学术网站

MBA 智库是一个专注于经管领域的资料库，提供了大量的专业术语解释和文档资料，如图 8-23 所示。

图 8-23　学术网站"MBA 智库"

学术网站"百度百科"如图 8-24 所示。

学术网站"维基百科"如图 8-25 所示。

学术网站"知网"是著名的文献数据库，如图 8-26 所示。

图 8-24　学术网站"百度百科"

图 8-25　学术网站"维基百科"

图 8-26　学术网站"知网"

学术网站"万方数据"是另一个类似于知网的文献数据库，如图 8-27 所示。

图 8-27　学术网站"万方数据"

目前，检索文献最主要的来源是专业数据库，这些数据库主要收录了在正规出版物上发表的文献。

○ 商业数据库

1. 国内商业数据库

国内商业数据库主要有 Wind、恒生聚源、锐思数据库、CSMAR 数据库、巨潮数据库等。

2. 国外商业数据库

国外商业数据库主要有彭博、路透社、CEIC、OECD、Haver、Database、Thomson One Banker 等。

在搜索资料和收集信息，我们通常以商业数据库为主要来源，同时将搜索引擎和网上其他免费资源作为补充。为了获得更丰富的资源，建议通过百度搜索和平时的积累来发现更多优秀的资源库。

第 3 节　确定精准的关键词，让搜索结果又全又准

在互联网的海洋中，信息的检索和查询就如同在茫茫人海中寻找一个人一样。如果使用模糊的关键词或线索，就像仅凭"男性"和"26 岁"这样的信息去寻找一个人，那么找到目标的可能性将大大降低，甚至可能一无所获。但如果能提供更为精确的关键词或线索，如"身高 180cm""蓝色眼睛""左耳戴一蓝色耳钉"，那么就能更快速、更准确地找到目标。

这就像在搜索引擎中使用精准的关键词，可以更快、更准确地找到所需信息。

为了找到准确的关键词，可以运用下面的两种方法。

○　换位思考

首先，从搜索引擎的角度进行换位思考。避免使用句子作为关键词，而是将句子切分成多个关键词进行索引。

例如，使用"马斯洛需求层次理论+局限"作为关键词，比使用"马斯洛需求层次理论有哪些应用局限"更为准确。

其次，从待搜索的内容角度进行换位思考。根据不同的内容风格和用语风格，确定不同的检索关键词。

例如，在检索投资学习材料时，使用内部投资回报率比使用缩略词 IRR 更合适。

反过来，如果想检索其他公司实际在用的投资分析模板，那么使用 IRR 作为关键词比使用内部投资回报率更准确。

○　逐步逼近

当对要查找的内容只有一个大致概念时，可以采用逐步逼近的方法。

首先，用一个尽量少的关键词开始搜索，从返回的搜索结果中寻找线索，逐步修正关键词。

例如，在寻找适合用户需求分析的方法时，可以先用"用户需求分析方法"作为关键词进行检索，用百度搜索的结果如图8-28所示。

图8-28　用百度检索"用户需求分析方法"的结果示例

然后，点开部分搜索结果，从字里行间找出介绍的方法名称。例如，点开"如何做需求分析？- 知乎"这篇文章，它里面介绍了用户需求分析要把握人性、挖掘用户动机、筛选用户需求。

在有了这个线索后，你可以再分别检索"把握人性+方法""用户动机+方法""用户需求+筛选方法"等。

在上面这三组关键词中，每一组的搜索结果都有介绍方法，你可以从中找出适合你的方法。这样，一个适合你的用户需求分析方法矩阵就出来了。

第 4 节　AI 搜索，比搜索引擎更懂你[①]

传统搜索引擎陪伴了人们很多年，直到 2022 年年底，ChatGPT 的爆红给传统搜索引擎带来了前所未有的挑战。5 天内用户数破百万，以至于传统搜索引擎巨头 Google 公司发布了红色警报。

◯ AI 的工作原理

为什么 ChatGPT 如此受欢迎？打个比方，传统搜索引擎就像你问人问题，那人直接丢给你一堆资料，有的资料和你的关联性较强，有的资料和你的关联性较弱，还要你自己再翻阅资料，进行加工整理，而 ChatGPT 直接给你答案，不用你再加工整理。

当然，ChatGPT 给的答案质量也受很多因素的影响，其中一点就是我们的提问质量。就像我们向人提问，针对同样一个人，如果问问题的方式不一样，对方给出的答案也会不一样。

为了能更好地提问，我们要做到知己知彼，所以我们需要了解 ChatGPT 到底是什么。

ChatGPT 背后的核心是大语言模型，可以将其简化为一个函数，其中包含许多参数。这个函数及其参数的数量是由人类设计的，但参数的具体值是由计算机通过大量计算自动设置的。这就好比一个孩子，他的生命是由父母给予的，类似于人类工程师设计函数。孩子出生后接触到大量的信息，如何理解和加工这些信息并形成自己的知识和经验，父母并不完全清楚。同样地，计算机为自己设置了参数的具体值，人类也不完全清楚这些值是什么。

---

① 本节以 AI 技术的具体应用 ChatGPT 为例。

所以，大语言模型就像一个博览群书的孩子，它通过处理大量的文本数据来学习语言结构和知识。当被问到问题时，它实际上是根据其内部的知识和经验，通过预测下一个词来生成回答的。

当大语言模型面对"中国的首都是"这个问题时，它会进行一系列处理步骤来生成最终的回答。

首先，它会将输入的问题进行分词处理，将问题切割成一个个独立的词语，例如："中国""的""首都""是"。

然后，把每个词转换成一连串数字。

例如，"中国"可能会被转换成"102,75,44,293,490……"，这串数字包含了这个词的各种属性信息。

就像华盛顿的地址（北纬 38.913611 度，西经 77.013222 度），可以用"38.91,77.01"来表达一样。

又如，一个人的身高、体重、出生年月日等信息，也可以用一连串数字来表达。

大语言模型基于这些数字信息，经过多轮计算，根据自己的经验，或者这句话的上下文，一轮一轮迭代信息。例如，"首都"这个词开始没有国家信息，计算机在计算过程中看到上下文中有"中国"，可能就会为"首都"这个词额外加上国家的数字信息。

最后，通过计算预测出下一个最可能出现的词是"北京"。过程很复杂，人类也不是很清楚每一步的具体计算过程。

○ **没话可写怎么办？AI 帮你滔滔不绝，将几句话扩充成一篇文章**

知道了大语言模型是什么，以及如何回答问题后，你会发现，问题描述得越清晰，AI 越清楚如何解读问题，如何调用自己已有的知识。

下面我们就来说说具体如何运用它。

ChatGPT 出现之后，国内的大语言模型如雨后春笋般出现，如百度的文心一言、讯飞的星火大模型等。

我们以文心一言为例，看看具体如何和大语言模型沟通，获取我们想要的信息。

职场人在工作中经常要和文档打交道，例如，周报该怎么写。

你可能会直接输入"请帮我写一份周报"，如图 8-29 所示。

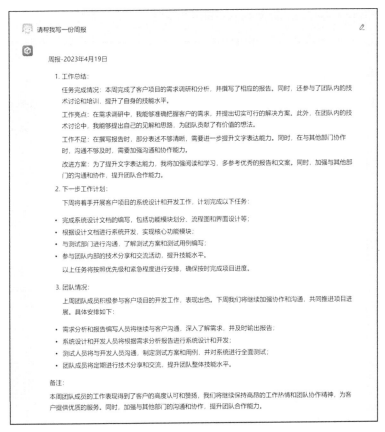

图 8-29　文心一言"请帮我写一份周报"的结果示例

乍一看，整个回答还是不错的，但其中的细节可能不是我们想要的。我们在《思维力：高效的系统思维》一书中提到过 5W2H 框架，该框架用于安排布置任务十分合适，在这里就可以用上了。

（1）What（是什么）：写一份周报，我的工作包括优化了 App 的对话界面设计、上线了 App 帮助中心的 AB 实验。

（2）Why（为什么）：体现工作成果丰富。

（3）Who（谁来做）：一个高级产品经理。

（4）When（何时）：2023 年 8 月 14 到 2023 年 8 月 18 日。

（5）Where（何处）：需要在微信聊天框发送。

（6）How（怎么做）：分为本周工作进展、存在的问题及对策、下周工作安排。

（7）How much（多少）：不超过 200 字。

我们先省略掉 Where 和 How much 部分，看看回答是怎么样的，如图 8-30 所示。

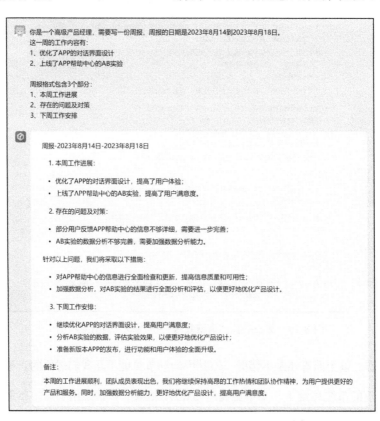

图 8-30　文心一言提示词运用部分 5W2H 框架的结果示例

回答的内容和自己的实际工作情况贴合了很多。

我们再加上 Where 和 How much 部分，看看回答是怎么样的，如图 8-31 所示。

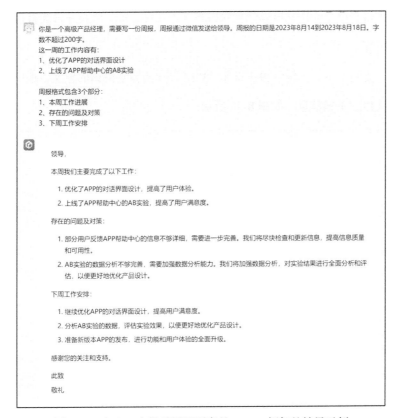

图 8-31　文心一言提示词运用完整 5W2H 框架的结果示例

这一版的回答内容，略微改了一下，已经可以作为微信消息发给领导了。

有了大语言模型的帮助，我们的效率可以提高不少。

○ 资料太多怎么办？AI 帮你提炼重点，让你几秒钟读完一个文件

上面的例子是我们给的信息比较少，大语言模型的输出比较多，是从少到多的
过程。

有时，我们需要基于自己手头的信息进行提炼总结，这是从多到少的过程。

例如，你需要对一篇上万字的会议内容进行总结。因为从头到尾看一遍是要花费一些时间的。

有了大语言模型，你就可以把会议内容作为文件上传，文心一言会直接总结出其中的关键内容。

例如，我们上传了一份华为任正非2012（年）实验室讲话的原文，很快文心一言就给出了文档的关键信息，如图8-32所示。

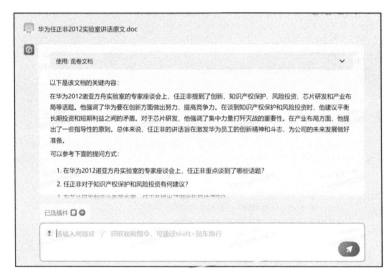

图 8-32　文心一言总结会议内容的结果示例

○ AI 输出只有文字怎么办？向 AI 提要求，将文字秒变表格

我们看到，既可以利用文心一言已有的知识，也可以通过文心一言对我们提供的知识进行加工和提取。

它可以获取最新信息吗？例如，我们来问一下今天上海的天气，如图8-33所示。

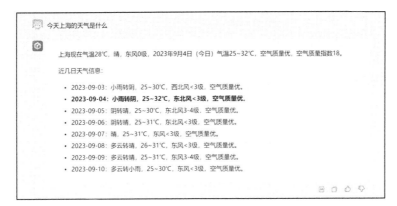

图 8-33 文心一言查询上海天气的结果示例

可以看到，文心一言是可以联网获取实时信息来回答问题的。

对于这个回答，你可能觉得格式有点乱。是否可以变成一个表格呢？

我们可以就此要求紧接着再提问，如图 8-34 所示。

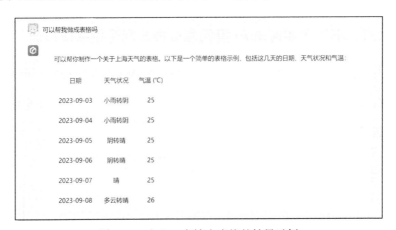

图 8-34 文心一言输出表格的结果示例

新的回答变成表格后清晰了不少。有了表格，可以有图标吗？一般我们看天气预报都会看到一个天气的图标，如果这点能实现就更好了。我们试着又提问了一下，如图 8-35 所示。

图 8-35　文心一言输出图标的结果示例

这次不仅有了表格，而且有了天气图标，信息一目了然。

从上面的例子中我们发现，不仅可以通过文心一言获取最新信息，还可以输出表格图标，让输出格式更加友好。

○ AI 虽好，不知道如何向 AI 提问怎么办？指令模板任你选

现在我们已经知道了如何和大语言模型沟通，但如果能有现成的提问模板就更好了。这一点文心一言也做到了。我们可以直接点击指令中心，其中有各种场景的指令模板可供选择，如图 8-36 所示。

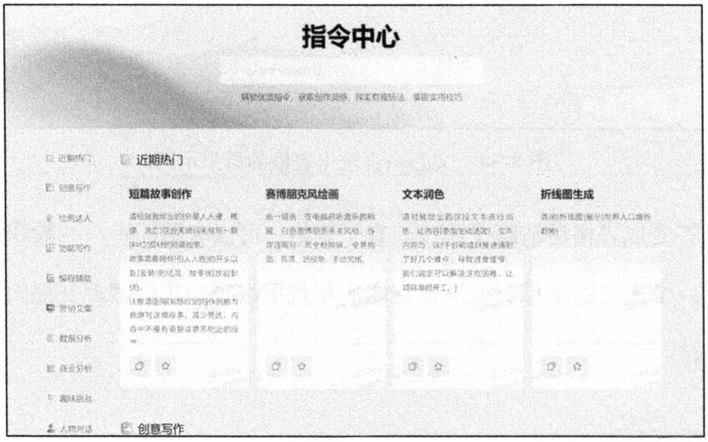

图 8-36　文心一言的指令中心

第 5 节　像搜索引擎一样，一次批量获取海量数据

虽然我们已经知道如何使用搜索引擎和大语言模型获取信息，但在实际工作中，我们经常需要整理大量的数据。例如，领导要求我们对 ChatGPT 的招聘信息进行汇总，这需要我们从多个页面中提取信息，然后整理成表格。一个一个页面打开，再一条一条复制粘贴到表格中，非常耗费时间和精力。

因此，我们需要寻找一种更高效的方法来进行批量搜索和保存信息。

○ 会写代码，批量爬取信息不是难题

编写 Python 爬虫程序是一种有效的获取信息的方式。以大家熟悉的百度首页为例，如图 8-37 所示。

图 8-37　百度网站首页

一个简单的 Python 爬虫程序如图 8-38 所示。

```
import requests
import re

url = 'https://www.baidu.com'
response = requests.get(url=url)

response.encoding = response.apparent_encoding

print(response.text)
```

图 8-38　Python 爬虫程序示例

输出的结果是网页代码，如图 8-39 所示。

图 8-39　爬虫程序的输出结果

之后可以继续写程序对网页内容进行解析处理。

○ 不会写代码，八爪鱼采集器帮你秒采数据

如果不熟悉编程，还有另一种简便的方法来获取信息：使用八爪鱼采集器。这个工具可以帮助我们轻松地从各种网站上采集数据，而无须编写代码。例如，我们可以用它从前程无忧网站上采集信息，如图 8-40 所示。从图中可以看到，采集到的信息已经自动整理成了表格形式，只需进行简单的加工处理，就可以提交给领导了。

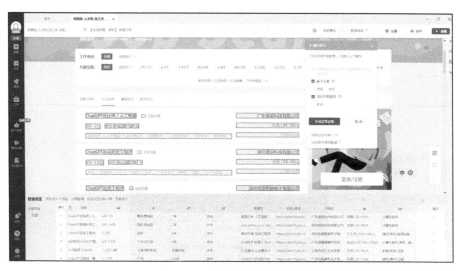

图 8-40　八爪鱼采集器从前程无忧网站采集的结果示例

除了前程无忧，智联招聘网站也可以使用八爪鱼采集器进行信息采集和处理，如图 8-41 所示。

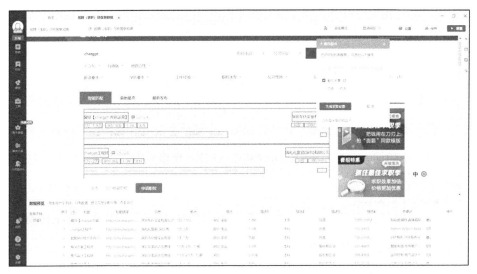

图 8-41　八爪鱼采集器从智联招聘网站采集的结果示例

通过使用八爪鱼采集器等工具，我们可以轻松地批量获取和处理信息，而无须再一条条信息复制粘贴了。

总结

在这样一个信息爆炸的时代，搜索引擎就相当于我们的外接大脑，想要充分发挥搜索引擎的威力，就要提高自己的搜索能力。

我们常用的是通用搜索引擎，以百度为例，不仅可以搜索文字，还可以进行学术搜索、图片搜索、视频搜索和地图搜索。

术业有专攻，除了百度之类的通用搜索引擎，还有其他专业搜索引擎，如网站历史查询、高清图库、学术网站、商业数据库等。

无论采用何种搜索引擎，决定检索结果质量的关键就是关键词，这里有两大原则。

1. 换位思考

从搜索引擎的角度思考，用关键词检索，不直接用句子检索。

从待搜索的内容的角度思考，用贴切待搜索内容风格的关键词搜索。

2. 逐步逼近

在搜索信息时，我们可以从较少的关键词开始，然后根据搜索结果不断调整关键词，以获得更准确的搜索结果。这个过程是一个迭代的过程，需要反复检索和调整。

除了传统的搜索引擎，我们还可以利用 AI 技术来提升搜索效率。AI 可以帮助我们将信息从少变多，例如从几句关键信息变成一篇周报，也可以帮我们将信息从多变少，提炼长文信息，还可以实时获取网络信息。此外，AI 还可以将文字信息转换成表格，从而大大提高我们的工作效率。

当我们需要批量获取海量数据时，懂程序的人可以通过编写程序来实现，而不懂程序的人则可以使用类似八爪鱼这样的软件来提升效率。

通过这些方法和工具，我们可以更快速、准确地获取所需的信息，提高工作效率。

学员感言

在遇到问题时，我过去总是习惯于向他人寻求答案。但当别人无法解答时，我往往会选择放弃。然而，自从我见识到了搜索引擎的强大之处，我决定在问人的同时，也要多利用搜索引擎来寻找答案。

——学员1

在使用百度搜索引擎的过程中，我意识到自己与一些搜索高手之间存在着明显的差距。当我观察到高手能够搜索到如此丰富的信息时，我意识到这背后的原因是他们了解搜索引擎的工作原理。为了提高自己的搜索技巧，我决定深入了解搜索引擎的工作原理，并加强练习，希望有一天也能成为搜索高手。

——学员2

书外求助

看完了这一章，在搜索方面还有什么困难吗？

当自己搜索不到想要的内容时，想不想听听别人的建议？

想不想积累更多的搜索技巧，收藏更多的主题聚合网站？

关注微信公众号 YouCore，发送"学习力"，即可入群获得书外求助。

应用篇

　　本部分将通过不同技能的学习步骤示例，展示如何综合运用第 1~3 章的学习策略和第 4~8 章的学习技巧。

　　首先，需要明确知识、技能和能力之间的差异。

　　知识是客观存在的信息。如果知识没有被实际应用，其对人的价值就相对有限。例如，阅读完《学习力》这本书后，你可能获得了某些启发，并记住了其中的一些内容。但如果只是停留在知识层面而不去实际应用，那么学习效果将无法在工作和生活中得到体现。

　　技能是某种工具的使用方法，或者某个具体工作的完成技巧。例如，iOS 开发编程的技能、制作资产负债表的财务技能、HR 面试技能、撰写股权融资计划书的技能，等等。每个技能都是由相关知识转化而来并通过实际运用逐渐掌握的。所以，技能相对于知识来说更为实用。

　　能力是比技能更加深层和通用的存在。能力在每一项具体工作中不断被调用、强化和提升。例如，HR 在面试过程中会运用到思维能力、表达能力和观察能力等。

　　然而，人们经常陷入对技能的迷恋，而忽略了能力的提升。例如，如果 HR 连续三年都使用同一套面试题目而不进行改进，其思维能力将无法得到提升；如果不跟踪面试绩效并针对性地学习，其学习能力也将停滞不前；如果不研究不同面试谈话的效果差异，其表达能力也无法得到提升。

　　满足于现有技能而忽视通用能力的提升，可能导致工作效果不佳，如同用一年的工作经验重复了十年。

　　因此，现在你可以理解了：《学习力》讲的都是知识，是关于学习策略、学习步骤、学习方法和工具的知识；如果你运用了某些方法和工具，如运用搜索技巧去检索某个信息，就代表你学会了检索技能；如果阅读完《学习力》后，你能够形成自己的理解，甚至裁剪出适合你自己的学习步骤，就代表你的学习能力提升了。

理解了知识、技能和能力之间的关系后，我们还需要对技能进行分类。

尽管目前没有统一的分类标准，但大致可以将技能分为以下三种类型。

（1）行为技能。强调身体熟练度，核心在于熟能生巧（最适用刻意练习）。例如，弹奏乐器、唱歌、做外科手术、打字等。

（2）理解技能。强调理解的深度，要求能够抽象出更一般的规律（几乎无法刻意练习）。例如，战略规划、市场策略、物理理论的研究等。

（3）程序技能。要求先理解再操作，但理解的难度和深度低于理解技能，而且理解后强调操作或记忆的熟练度（理解后，适用刻意练习）。例如，下棋、商务 PPT 的制作、财务软件的操作等。

第9章

程序技能的学习：让你快速上手，轻松应用

本章将介绍程序技能的特点和学习步骤。

第1节 程序技能的特点和误区

○ 程序技能的特点

程序技能的知识组成以程序性知识为主体，但也包含一定量的概念性知识。这类技能有两个主要特点。

1. 要先理解

程序技能是偏智力型的，必须先理解构成该技能的概念性知识，才能按照规定的程序进行操作。

例如，会计做账技能就要求理解借贷记账法，掌握借贷记账符号的含义、会计账户的结构、会计等式、记账规则、会计分录等知识。

只有当这些概念性知识被充分理解后，才能开始记账，否则即使知道记账程序（审核原始凭证→填制记账凭证→登记明细分类账→填制月末计提、摊销、结转记账凭证→编制记账凭证汇总表→结账、对账），也做不了账。

对于其他程序技能，如财务报税、HR 绩效考核、项目进度管理、销售上门推销，同样需要先掌握相关的概念性知识。

2. 强调熟练度

为了精通某个程序技能，必须不断地重复练习，直到达到熟练的程度。熟练度的最高境界是形成习惯。

例如，经验丰富的老会计能更快、更准确地完成记账工作。这是因为：① 她对做账所需的概念性知识有深刻的理解；② 她做账程序非常熟练。

○ 程序技能学习上的误区

在学习程序技能时，常见的误区有两种：① 理解万全后再上手；② 完全不经理论指导直接上手。

这两种误区都会导致学习效率降低。

1. 理解万全后再上手

陷入这种误区的典型表现是，在动手实践之前，投入大量时间和精力去深入学习程序技能中的概念性知识，意图全面理解后再进行操作。

例如，在学习 Excel 操作技能时，学习者会阅读大量的操作指引，观看长时间的教学视频。虽然这样做可以使学习者对概念性知识有全面了解，但弊端也很明显：① 缺少实操演练会导致学习者对概念性知识一知半解；② 学习的内容可能不会被及时使用，甚至有些内容可能多年都不会用到，从而浪费大量的时间和精力。

2. 完全不经理论指导直接上手

陷入这种误区的表现是，学习者倾向于直接开始操作，几乎不参与任何理论指导。

同样以学习 Excel 操作技能为例。如果陷入该误区，就是直接打开 Excel 程序，自己到处点点、随便录录来摸索怎么用。虽然这样做上手简单且形象直观，但弊端也很明显：① 直接凭经验尝试可能导致在不必要的步骤中浪费时间和精力；② 可能一直以①这种效率较低的方式工作，例如，每次都通过"文件"→"保存"命令来保存文件，而不用 Ctrl+S 快捷键。

第 2 节　程序技能的 4 大学习步骤

如何学习程序技能，才能效率更高、效果更好呢？

如果掌握了基本了解、简单入门、迭代深化、自然重复这 4 个学习步骤，学习程序技能时就会事半功倍。

○ 步骤 1　基本了解

在"基本了解"这一步中，关键要：① 从功利性应用出发，明确学习目的；② 运用搜索技巧检索基本的学习资料；③ 运用笔记技巧搭建出该技能的最粗颗粒度框架。

1. 从功利性应用出发，明确学习目的

在职场上，我们常常面临需要在有限时间内掌握并熟练运用程序技能的挑战。然而，在大部分情况下，我们并没有足够的时间进行充分的练习。

例如，你可能从未使用过 Excel 进行数据统计，但突然接到任务需要在短时间内完成当月销售业绩的统计表。

在这种情况下，"需要大量时间练习才能熟练"与"工作中立马就要用"的矛盾

显得尤为突出。

为了解决这个矛盾，我们不能期望全面学习 Excel 的所有功能，而应聚焦于完成当前任务所需的知识和技能。

2．运用搜索技巧检索基本的学习资料

程序技能不仅包含程序性知识，还涉及一定量的概念性知识。

在掌握某些技能时，理解概念性知识能够加速学习过程并提高效果。例如，学习下围棋时，参照棋谱进行练习比自己摸索要更快、更有效。

而针对某些技能，如果不先理解概念性知识，可能根本无法进行操作。例如，财务出具财务报表的技能，需要具备一定的概念性知识作为基础。

在开始实践程序技能之前，建议先搜索相关的学习资料，对基本知识进行了了解，还是会起到事半功倍的效果的。

> 例如，在用 Excel 制作当月销售业绩统计表时，可以先在搜索引擎中查找 Excel 的基本汇总示例，以快速了解相关操作。

需要注意的是，对学习资料的搜索无须追求全面，只需找到与当前任务相关的内容即可。同时，对搜索出的资料进行大致阅读，了解其主要内容，以便在实际使用时能够快速找到相关信息。这个阶段无须深入学习。

3．运用笔记技巧搭建出该技能的最粗颗粒度框架

如果要学习的程序技能是相对完整的一整套技能，如商务 PPT 的制作技能、Photoshop 的操作技能、会计记账技能等，就要搭建一个关于该技能的最粗颗粒度框架。

搭建这个框架是为了构建一个大局观，这样：① 更容易理解这个技能的构成；② 更不容易陷入细节中。

例如，在学习商务 PPT 制作技能之前，如果先搭建一个最粗颗粒度框架，那么你会更容易明确商务 PPT 制作技能包括的知识，也更容易结合学习目标明确当前的学习重点，确定今后的学习方向，如图 9-1 所示。

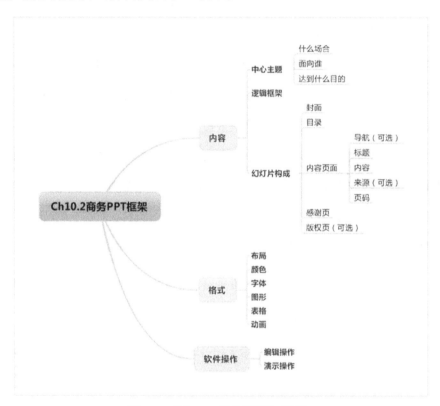

图 9-1　商务 PPT 的最粗颗粒度框架

○ 步骤 2　简单入门

完成步骤 1 的内容后，你就已经有了怎么做的参考资料。如果是更完整的一套技能，你还有了一个最粗颗粒度的框架。

接下来就要动手实操了。

学习的最大敌人之一就是复杂性。

任何一个稍微复杂的程序技能包含的概念性知识、程序性知识都是相当惊人的，你一年甚至三年都不一定能全部学完。

例如，SAP（德国的一款企业管理软件）操作技能，该软件系统里有几千个配置参数，你一年都不一定能全部组合完。

再如，会计做账技能，其中也有大量的知识和技巧，如成本核算和递延所得税计算等。

这时你不能贪大求全，企图全都搞懂再上手，因为那样做一是学习效率低，二是会打击你学习的自信心。

因此，在学习一个新的程序技能时，最好以最简单的规则入门：先从最简单、最常用的内容入手，再在工作中一点点地增加和深化。

例如，在做当月销售业绩统计表时，可以先对两个销售人员的销售数据进行汇总统计练习，而且不进行任何复杂的多维度统计。

在这个操作上手后，你对用 Excel 做汇总统计就有基本的经验了，这时再做所有销售人员的数据汇总，并加上更复杂的多维度统计，理解难度和操作难度就会大大降低。

○ 步骤 3　迭代深化

经过步骤 1 和步骤 2 之后，你基本能应对最紧急的任务了。

这种功利性学习方法，有助于你快速上手，输出工作急需的成果。但如果这个程序技能是你工作的核心技能，就不能停留在这个程度上，还要继续学习框架中剩余的部分，并将学过的部分运用得越来越熟练。

要做到这一点，就要求你在每一次应用中都能有意识地去练习所欠缺或尚不熟练的部分，然后逐步迭代深化。

○ **步骤 4 自然重复**

技能熟练的人跟新手最大的区别是，新手要经过准备后才能开始做，而且做得效率偏低、效果偏差；而技能熟练的人几乎不需要任何准备就可以动手，而且效率更高、效果更好。

要做到这一点，就要形成习惯。

我们都知道，习惯的形成依赖于大量的练习，但不幸的是，在职场上根本没有工作以外的学习时间，而且工作表现越好、职位越高，越是如此。

那么，怎样才能做到在工作很忙的情况下，熟练掌握核心的程序技能呢？

方法只有一个，即将工作和学习合二为一，在工作中练习和重复技能，直至达到熟练和精通的程度。

要做到这一点，你可以采用第 7 章的两个方法：

（1）提炼模板或 Checklist。

（2）整体应用。

第 3 节 应用示例：一天上手商务 PPT 制作

商务 PPT 是各种汇报、研究报告、管理咨询类 PPT 的统称。商务 PPT 制作几乎是每个职场人必备的一个技能。

遗憾的是，虽然绝大多数人都学过或做过 PPT，而且网络上各种 PPT 达人、经验分享、视频课程多如牛毛，但将商务 PPT 做得合格的人依然不多。

有些人在 PPT 制作上花的时间不少，但更多是在某些细节上的处理很棒，如背景虚化的 PPT 封面、炫酷的目录设计、堪比游戏的动画设计等，PPT 整体制作的水平却长进不多。

出现这种情况的根本原因就是，没有掌握程序技能的学习方法，导致学习发生偏差，白白浪费了大量的时间和精力。

那么，到底什么才是正确的学习方法呢？

下面我们利用上一章程序技能的 4 个学习步骤，看看能否在短短一天内，真正上手商务 PPT 的制作。

○ **步骤 1　基本了解**

一般人在学习商务 PPT 制作技能时，最喜欢采取的学习策略是直接在别人的 PPT 文件上进行模仿、修改。

这种方法很直接，能够很快地应对毕业答辩、工作汇报的需要，但弊端很明显。

（1）制作出的 PPT 水平直接由被模仿的 PPT 文件水平决定。

（2）只模仿到形，模仿不到神，一旦要新增幻灯片或重新做一份 PPT，立马就不会了。

因此，为了真正地入门商务 PPT 的制作，最好能在模仿他人 PPT 之前，花几小时对为什么要掌握商务 PPT 的制作，以及商务 PPT 的基本知识做一个基本了解。

为什么要掌握商务 PPT 的制作

不问为什么要学习这个技能，就动手去学，是很多人在学习程序技能时常犯的错误。

可以回想一下，你在学习或动手做工作汇报 PPT 之前，有没有问过自己这个问题：为什么要掌握这类 PPT 的制作？

我估计有 99% 的人没有问过自己这个问题。我之所以这么肯定，是因为我至少咨询过 100 多人，能回答上来的只有 1 人。

那么，我们到底为什么要掌握商务 PPT 的制作呢？一般情况下，不外乎三个原因：

（1）可以逻辑更清晰地展现汇报、研究的内容。

（2）通过图表化的展示，可以更突出每张幻灯片强调的重点。

（3）配合口头讲解时，逐张演示幻灯片可以更好地抓住受众的注意力。

你可以将这三个原因代入你的工作场景中，将掌握商务 PPT 制作的原因更为具体化。这样你在后续的学习中就会更聚焦，所学也更适合应用场景。

例如，假设制作 PPT 是为了年底更好地汇报自己的工作业绩，你就可以将掌握商务 PPT 制作的原因改为：

（1）可以更有逻辑、更清晰地展现自己的工作业绩。

（2）通过图表化的展示，突出自己的努力和成果。

一旦弄清楚掌握商务 PPT 制作的原因后，学习目标和学习重点就明确了——逻辑清晰、重点突出，因此就不会将宝贵的时间浪费在没必要的 PPT 美化和动画技巧中了。

收集基本了解所需的商务 PPT 资料

明确学习目标和学习重点后，就奠定了功利性学习的基础。接下来从工作应用的功利性目标出发，去搜索商务 PPT 的学习资料。

搜索学习资料最大的难点有两个：一是资料太少；二是资料太多。

PPT 的资料是第二种情况，网络上的各种资料、文章、课程多得都泛滥了，因此你可以做更精确的搜索，以获取内容更匹配、组织更良好的信息。

现在我们的目标是逻辑更清晰、重点更突出，因此你有三种方式快速找到你要的信息。

方式 1 在百度或谷歌中搜索类似"如何让 PPT 逻辑清晰""如何让 PPT 重点突出"这样的关键句，如图 9-2 和图 9-3 所示。

图 9-2　搜索"如何让 PPT 逻辑清晰"

图 9-3　搜索"如何让 PPT 重点突出"

针对搜索出来的结果，再从目标出发做甄别，过滤掉"挂羊头卖狗肉"的内容。

方式 2　在当当或亚马逊上搜索"商务 PPT"图书，如图 9-4 和图 9-5 所示。

图 9-4　在当当上搜索"商务 PPT"图书

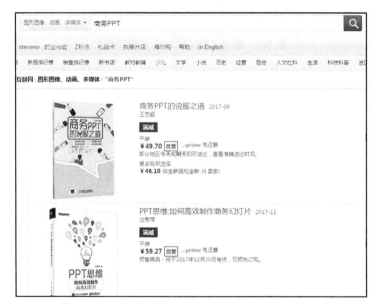

图 9-5　在亚马逊上搜索"商务 PPT"图书

在搜索图书的时候要注意两点：

（1）如果有可能，建议针对同一主题购买三本由不同作者写的书。这是因为每个作者都有自己认知和经验的局限，同时阅读三个作者的书有助于我们更全面地了解该主题。此外，通过对比不同作者的看法和观点，我们还可以进行批判性思考，从而更深刻地理解该主题。

（2）不要只选搜索结果的前几名。各大卖书平台的搜索结果主要是基于商家的推销需求，一些与搜索主题不相关或相关性不高的图书可能会出现在搜索结果中的前列。因此，建议多查看搜索结果靠后的图书，并根据目录和内容简介来判断是否符合自己的需求。

方式 3　在一些口碑不错的学习平台上搜索部分在线课程。

例如，在网易云课堂上搜索，你会发现有 14 门与商务 PPT 有关的课程，如图 9-6 所示。

图 9-6　在网易云课堂上搜索"商务 PPT"课程

当然，这些课程中有不少是打着商务 PPT 旗号转卖 Office 帮助手册的，需要你从目标出发，根据课程目录和课程试听，筛选出内容匹配度高的课程。

商务 PPT 因为内容实在太多，因此通过上面这三种方式的大致搜索，选取其中组织良好的信息作为基本了解的资料来源就可以了。

如果是信息比较少的学习内容，如"社交营销"，就要从更广泛的渠道查找资料。具体做法请参考第 8 章。

快速理解所收集到的内容

收集好商务 PPT 的基本资料后，就要对其快速阅读和理解了。

在基本了解阶段，对于收集到的资料，千万不要逐字逐句地阅读（这是绝大多数人学习程序技能时容易犯的错误），而要采用第 4 章介绍的超速阅读方法。

例如，你通过百度搜索"如何让 PPT 逻辑清晰"，第一页有 10 篇检索结果，其中有文章、有 PPT 讲解、有经验问答。你要逐一打开并快速浏览，了解每篇的核心意思。

通过快速浏览，你大致可以发现，大部分内容都强调首先要让听众明白文章的中心思想，再逻辑清晰地展开，如图 9-7 所示。

图 9-7　从百度上搜索"如何让 PPT 逻辑清晰"

连凭借制作炫酷 PPT 起家的秋叶老师，都在强调逻辑才是 PPT 制作的核心，如图 9-8 所示。

图 9-8　PPT 制作过程中逻辑的力量

在知乎上，不少人也在提问"如何利用 PPT 把一件事讲得逻辑清楚、条理清晰"，如图 9-9 所示。

图 9-9　知乎提问示例

第一阶段的快速阅读，进行到这个层次就可以了，接下来将学习商务 PPT 制作的重点，即如何利用 PPT 将工作汇报制作得逻辑更清晰、重点更明确。

如果你觉得网络上的信息鱼龙混杂，搜索和辨别起来都很麻烦，那么选择通过图书来快速了解商务 PPT 也是可以的。

不过，在阅读这类软件操作图书时，第一遍千万不要从头到尾、逐字逐句地阅读，否则你会将大量的时间浪费在细枝末节的软件操作和图表加工技巧上。要采用第 4 章中的多重阅读法，先看一遍目录，再快速将书翻一遍。有了基本了解后，第二遍再重点阅读与逻辑清晰、重点突出等有关的内容。至于软件操作、图表加工的技巧，知道在哪个章节，等到后面实际应用阶段需要用的时候再回来翻阅即可。

具体如何快速阅读，我以某本书的目录为例，如图 9-10 和图 9-11 所示。

第2章 分析情境化——确定演示目标 2.1 目标分析 2.2 受众分析 2.3 资源分析 2.4 场景分析 第3章 思维结构化——理顺演示逻辑 3.1 结构化示例 3.2 结构化思维的原则 3.3 商务PPT常见逻辑结构 3.4 结构化的工具 3.4.1 思维导图软件 3.4.2 PowerPoint的节 第4章 重点突出化——强调演示重点 4.1 颜色突出法 4.2 标注突出法 4.3 文字突出法 4.4 归纳突出法 4.5 标题突出法	左边这些章节是第二遍可以重点阅读的（用时大约30分钟）

图 9-10 某 PPT 一书的阅读方法示例（1）

如果你选择了线上课程，那么学习策略基本是一样的。也是第一遍大致拖放课程内容（最多不超过 30 分钟），第二遍重点看与逻辑清晰、重点突出有关的内容。软件操作、图表加工技巧的详细信息可以在以后具体应用时通过查看帮助来获得。

在"基本了解"这一步，我一般不推荐你通过线上课程来学习，原因有两个：

（1）线上课程不利于快速查阅，只能根据老师的节奏一步一步学习。

（2）绝大多数课程不系统，而系统课程的内容很多，时间又很长。

第7章　风格统一化——定制我的风格 7.1 母版:统一修改相同组件 7.1.1 母版的3种类型 7.1.2 使用占位符 7.2 布局:这样的版式看着舒服 7.2.1 布局的原则 7.2.2 常见8种版式布局 7.2.3 参考线的使用 7.2.4 自定义布局 7.3 配色:PPT商业色彩的秘密 7.3.1 理解颜色 7.3.2 PPT配色两大原则 7.3.3 咨询公司PPT配色 7.3.4 配色工具推荐 7.4 主题:设置自己的模板 7.4.1 保存主题文件 7.4.2 调用自定义主题 第8章　演示动态化——使用动画特效 8.1 动画效果设置 8.1.1 动画计时 8.1.2 动画窗格 8.1.3 复制动画 8.2 SmartArt动画，依次显示流程图 8.3 图表动画，实现分颜色上涨 8.4 平滑切换，圆形渐变成三角形	左边这些章节基本都是 Office 帮助手册的翻译，第一遍阅读的时候快速翻一遍（最多15分钟），有个印象即可。 　第二遍不用再阅读，等以后实际操作时当字典来用。

图 9-11　某 PPT 一书的阅读方法示例（2）

搭建最粗颗粒度框架

学习一个新技能或一个新概念，首先要搭建一个最粗颗粒度框架，这样有了一个大局观后，一是更容易理解，二是更不容易陷入细节中。

经过上一步的基本了解，你就可以轻松地搭建商务 PPT 的最粗颗粒度框架，如图 9-12 所示。

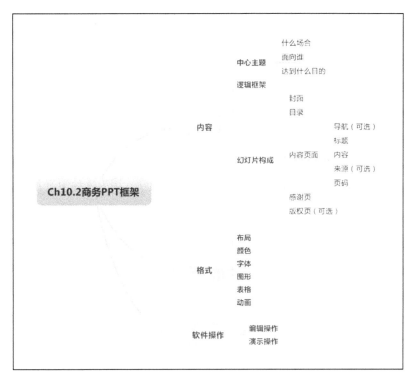

图 9-12　商务 PPT 的最粗颗粒度框架

你搭建的框架无须跟我示意的完全一样，根据你的理解搭建即可。而且，第一遍不要求完美，随着后面三个步骤的不断运用，你自然就能将这个框架逐步完善，完全紧贴你个人的实际需要。

搭建完最粗颗粒度框架后，你对商务 PPT 就有了整体了解。这时，你再看那些"PPT 达人"，就能分清楚谁才是真正的"商务 PPT 高手"，谁其实只是"PPT 美工达人""PPT 动画达人""PPT 操作达人"，也就知道应该从谁那里取经了。

否则，去找"PPT 美工达人"学习制作一份逻辑清晰的商务 PPT，就像唐僧去跟大鹏金翅鸟取佛经一样，取回的就是"歪经"了。

经过上面四个过程，"基本了解"这个步骤的工作就算完成了。

接下来要真正动手制作 PPT 了。

◯ 步骤 2　简单入门

复杂性是认知技能学习的最大障碍之一，因此我们一定要学会简化。

经过"基本了解"这一步，你已经知道商务 PPT 制作的重点、主要内容构成、大致的制作步骤。其中每个部分的内容都很多，如图表美化的技巧（学一辈子都没有止境），而且有些技巧可能两三年内，甚至一辈子都用不到。

因此，一定不能跟着书本、视频课程亦步亦趋地学，因为这种学习方式既费时，又低效。

有效的学习方式是，掌握最粗颗粒度框架，从最简单规则入门，再在以后的实际应用中反复迭代，也就是逐渐细化和深化。

在入门一个新的程序技能时，最好从最简单的规则入门。例如，学象棋，掌握最基本的旗子走法即可，至于排兵布阵等知识先不要关注；学习会计软件操作，掌握怎么新建、输入、保存、修改凭证即可，至于凭证的自动生成规则、各凭证间的钩稽关系等先不要关注。

那么，对于商务 PPT 的制作，如何从最简单的规则入门呢？

很简单，从你搭建的最粗颗粒度框架出发，掌握完成最简单商务 PPT 所需的规则即可。

参考商务 PPT 的最粗颗粒度框架，我们大致知道要先掌握如下内容：

（1）软件操作上

- 会新建、修改、保存 PPT 文件。

- 会新增、修改、删除幻灯片。

- 会开始和停止幻灯片的演示。

（2）PPT 内容上

- 会画出 PPT 内容的逻辑框架。

- 会制作 PPT 的封面和目录。

- 会填充幻灯片的标题和内容。

（3）幻灯片格式上

- 会做简单的页面布局（三大速成图表化技巧）。

- 会搭配基本的颜色和字体。

有关这三类八点内容，你在"步骤 1 基本了解"中其实已收集了多份资料。在动手实践的过程中，如果有不清楚的地方，直接查阅即可。

下面我以"如何快速上手商务 PPT"为主题，制作一个简单的 PPT 文件，对上面八点分别进行演示。

1. 软件操作的入门演示

新建 PPT 文件，如图 9-13 所示。

图 9-13　新建 PPT 文件

添加一个幻灯片，修改标题，单击"保存"按钮，如图 9-14 所示。

按 F5 键，或者单击"幻灯片放映"按钮演示幻灯片，效果如图 9-15 所示。

按 Esc 键，或者右击鼠标，选择"结束放映"即可退出演示模式。

对于 PowerPoint 软件，在入门阶段掌握以上基本操作就可以了。你看，是不是很简单？最多 5 分钟就能轻松掌握。

图 9-14　修改标题并保存

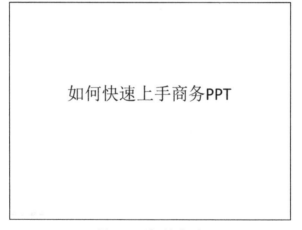

图 9-15　演示幻灯片

2．PPT 内容的入门演示

画出逻辑框架（逻辑清晰的关键）

在动手制作商务 PPT 前，首先要画出 PPT 内容的逻辑框架，就跟在写文章前先列大纲一样，如图 9-16 所示。

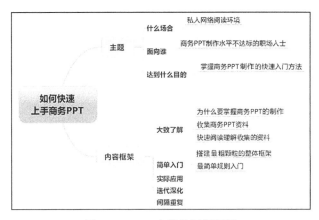

图 9-16　PPT 内容的逻辑框架

这个部分基本就确定了主题、目录，以及每张幻灯片的标题。

制作 PPT 的封面和目录

封面内容就是上一步确定的主题，可以通过副标题来凸显，如图 9-17 所示。

图 9-17　PPT 封面

目录就是逻辑框架的第一层。如果内容很多，需要子目录的话，就扩展到逻辑框架的第二层，如图 9-18 所示。

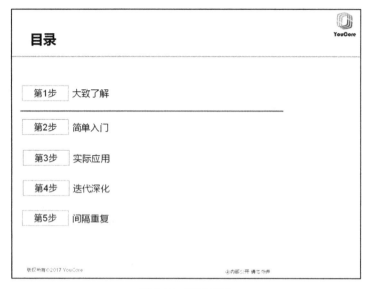

图 9-18　PPT 目录

填充幻灯片的标题和内容（重点突出的关键）

（1）填写标题。请特别留意，每张幻灯片的标题是商务 PPT 的核心，要重点突出，要用一句话概括出本张幻灯片的内容，如图 9-19 所示。

图 9-19　幻灯片的标题示例

（2）填充内容。围绕标题，填充详细的解释内容、推导过程或数据图表等，如图9-20 所示。

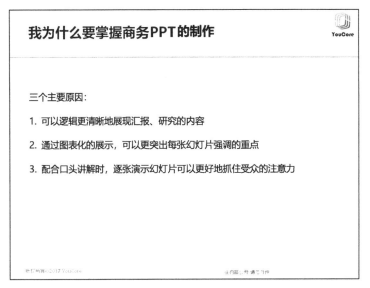

图 9-20　幻灯片的内容示例

这里请特别留意，填充内容时，先关注展示逻辑，再美化格式。这是商务 PPT 与其他类型 PPT 要求不一样的地方。

3．幻灯片格式的入门演示

幻灯片格式的学习永无止境，其中蕴含的技巧之丰富足以让人研究一生，这也是许多 PPT 教程重点讲述的部分。但实际上，对于商务 PPT 来说，内容的呈现和传达才是至关重要的。因此，掌握基本的图表化技巧即可。

简单的页面布局

这个部分作为入门级别的要求，掌握三个基本的图表化技巧就足够了。

技巧 1　加背景。这是最简单上手的一种图表化技巧，如图 9-21 所示。

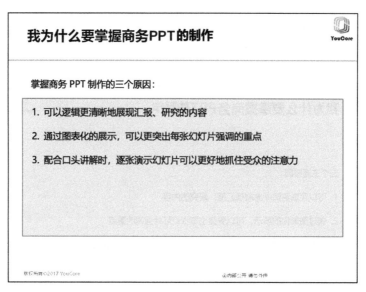

图 9-21　加背景

技巧 2　文字分框块，如图 9-22 所示。

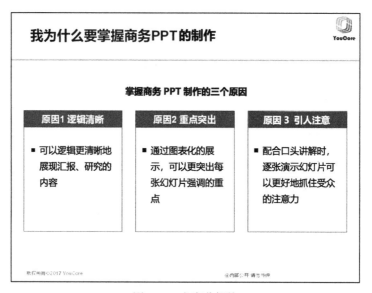

图 9-22　文字分框块

技巧 3　图文结合。左图右文、左文右图、上图下文都可以，如图 9-23 所示。

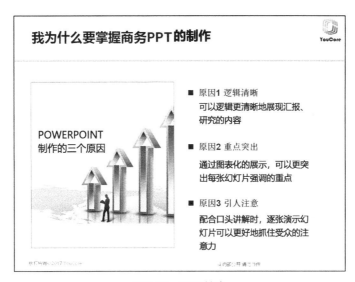

图 9-23　图文结合

搭配基本的颜色和字体

商务 PPT 要求稳重、简洁，颜色和字体不能花哨。

颜色的搭配以少、素为主；字体的选择以微软雅黑为主，保持 1.5~2 倍行距，如

图 9-24 所示。

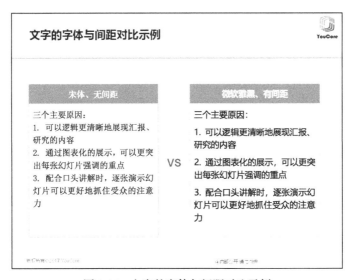

图 9-24　文字的字体与间距对比示例

掌握上面八个最简单的规则，你就算正式入门商务PPT的制作了。随着不断的应用和练习，你能够逐渐达到80分的水平。

这种学习方法是不是既简单，又全面、高效、深刻？

也可以借助AI在WPS中进行单页美化，如图9-25所示。

图9-25　WPS单页美化菜单选项

点击"单页美化"之后，有很多美化后的效果可供选择，如图9-26所示。

图9-26　WPS单页美化效果示例

如果开始只想到了主题，没有其他思路，还可以直接用 WPS AI 生成初稿，供自己参考。

输入主题"我为什么要掌握商务 PPT 的制作"，如图 9-27 所示。

图 9-27　在 WPS AI 中输入主题

等待 AI 创作，如图 9-28 所示。

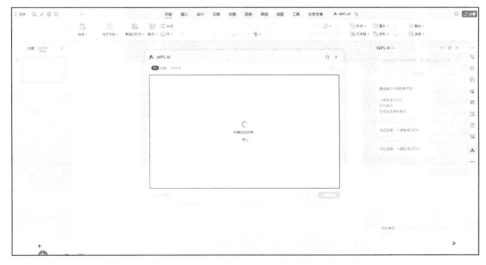

图 9-28　等待 WPS AI 创作

一会儿大纲内容就生成了，如图 9-29 所示。

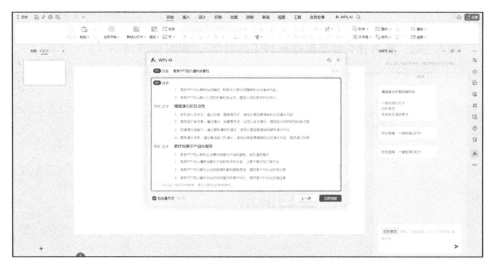

图 9-29　WPS AI 生成内容大纲

基于生成的内容可以直接自动创建 PPT，如图 9-30 所示。

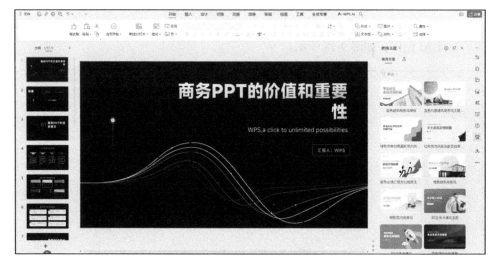

图 9-30　WPS AI 自动创建 PPT

通过简单几步，AI 就帮我们生成了一个 PPT。

总结

人类的技能大致可分为行为技能、程序技能和理解技能。这一章介绍的是程序技能。

程序技能的知识组成以程序性知识为主体，也包含一定量的概念性知识。这类技能有两个主要特点：一是要先理解；二是强调熟练度。

一般人在学习程序技能的时候，容易陷入两个误区，导致学习效率的下降，第一个误区是理解万全后再上手，第二个误区是完全不经理论指导直接上手。

如果掌握下面的 4 个学习步骤，学习程序技能时就会事半功倍。

- 步骤 1 基本了解
- 步骤 2 简单入门
- 步骤 3 迭代深化
- 步骤 4 自然重复

我们以商务 PPT 制作技能为例，针对"基本了解""简单入门"这两个步骤，介绍了最复杂的一种情况：完全没人指点、自己摸索学习的情况。

如果有人指点的话，特别是碰到一个好的引路人，这两步完全没必要这么复杂，直接请这个人指点就可以了。如果这个引路人足够高明的话（如我），你花 1~2 小时就可以入门商务 PPT 的制作了。

不过，名师毕竟是可遇不可求的。为了让你的学习能力真正提升，掌握无人指点情况下的快速学习方法还是有必要的。

经过"基本了解""简单入门"两个步骤，你就算入门商务 PPT 的制作了。接下来的两个步骤——迭代深化、自然重复，就不是一两天能学会的了，而是需要你在工作中持续改善、重复迭代。

在这个 AI 时代，我们也可以借助 AI 的力量帮我们美化 PPT，甚至生成 PPT 初稿。

学员感言

当我第一次面对一个新的开发平台时，大量的内容让我感到焦虑，尤其是当工作急需使用这个平台时。但是，通过这一章的学习，我明白了从实际需求出发，先学习急需的部分，并且可以从简单的入门，然后在工作中逐步深化。现在，我对学习充满了信心！

——学员 1

作为会计人员，我一直认为我们的工作需要具备高度的技术性，但这一章让我意识到，实际上我们更多是在重复记账等程序技能。回顾过去四年的工作，我发现自己在管理会计方面缺乏经验和技能。如果早点读到这一章，我或许能更好地掌握和理解技能，并在工作中取得更好的成绩。

——学员 2

➥ 书外求助

看完了这一章，对程序技能的学习步骤掌握了吗？

例如，哪些技能是程序技能？

步骤 1 中的最粗颗粒度框架，到底应该粗到什么程度？

简单入门，应该简单到什么程度？

关注微信公众号 YouCore，发送"学习力"，即可入群获得书外求助。

第10章

理解技能的学习：打开你的认知新世界

前一章我们介绍了程序技能，并且以一天上手商业 PPT 制作为例，演示了程序技能的学习步骤。

本章将介绍理解技能的学习方法和步骤。

第1节　理解技能的特点和误区

○ 理解技能的特点

1. 概念性知识占主体

与程序技能不同，理解技能是以概念性知识为主的技能，它更多依靠的是大脑对信息的加工、理解、应用和创造，按程序步骤执行的内容大大减少。

我们平时在工作中经常用到的理解技能有企业战略制定的技能、商业模式设计的技能、解读客户需求的技能、分析消费者行为动机的技能、撰写广告文案的技能、拟定文案标题的技能、基础理论研究的技能等。

2. 强调对规律认知的广度和深度

程序技能虽然也以认知为主要基础，但评估一个程序技能是否精湛，熟练度是一个主要指标，如对会计记账技能的评估、对制作 Excel 报表技能的评估等。

但对理解技能是否精湛的评估就大为不同了，熟练度不再是主要指标，对其背后规律认知的深度和广度才是主要指标。

例如，你评估一个人消费行为动机分析技能的精湛程度，一定不是以熟练度为标准的，而是以他对各种动力心理学理论掌握的广度，对期望-价值理论、需要层次理论、归因理论、成就目标理论等这些动力心理学理论理解的深度，以及是否知道它们的适用场合和理论局限为标准的。

○ 理解技能学习上的误区

1. 靠直觉而非相对成熟的框架入门

理解技能涉及大量的概念性知识，而且依赖个人对这些概念性知识的实践感悟，因此我们在学习一个新的理解技能时，一开始会有很多认知偏差，甚至有认知盲区。

但是，在普遍存在认知偏差和认知盲区的情况下，普通人在入门理解技能时，往往选择靠自己的直觉来行事，而不是找一个相对成熟的框架做指导。

例如，在制定战略的时候，不是根据一个战略设计框架来推演，而是一拍脑袋，战略目标就出来了；在分析客户需求的时候，不是用一个客户需求分析模型来全面解读客户需求，而是想当然地认为客户要这个、要那个。最后的结果可想而知，往往以失败甚至造成重大损失而收场。

2. 死搬理论，不知变通和改进

理解技能学习上的第二个误区，与第一个误区恰恰相反。他们认识到了理论框架对掌握理解技能的价值，却误将这些理论框架当作客观规律，不做任何变通与改进，甚至在错误结果摆在眼前时，会认为是现实错了，而不是理论错了。

例如，一提做市场分析就套 PEST 模型、用 SWOT 分析，哪怕分析出来的结果被一次又一次地证明空、大、泛，但依然不想着改进，下次还是照样用。

第2节　理解技能的学习步骤

现在你已经知道理解技能的特点，以及学习上的主要误区。那么，怎样学习才能快速、高效地掌握这类技能呢？

给你分享一个简单、可行的三步学习法：

- 步骤 1　挑选框架

- 步骤 2　生搬硬套

- 步骤 3　质疑改进

下面我们以消费动机分析技能为例，简单演示这个三步学习法的内容。之后我们再以如何快速掌握商业模式设计的技能做一遍完整演示。

○　步骤 1　挑选框架

消费动机分析技能无论是对品牌营销人员、互联网运营商还是产品经理，都是非常重要的一个技能。如果分析不出消费者的内在动机，那么产品设计、品牌定位、市场宣传、运营推广都将无法聚焦。

假如你是一名刚入行的产品经理，第一步你会做什么来快速掌握消费动机分析技能呢？

第一，从前面的学习误区中你应该已经得知，绝对不能靠自己的直觉，用"我觉得"来分析消费者的内在动机。张小龙、周鸿祎对消费动机的直觉判断可能还靠谱，而作为一名刚入行的产品经理，你的直觉基本只能归类为"瞎猜"。

第二，也不能一上来就阅读大量的理论内容，因为从前面对学习误区的分析中你也已经得知，这不现实。职场工作不同于学校的脱产学习，你不可能有很多时间慢慢研究各个流派的理论，而且即使有时间，也容易迷失在各大理论流派的争论中。

在这种情况下，作为一名新手产品经理，相对有效的方法就是挑选一个消费动机分析模型，作为入门学习的框架。

那么，怎样才能找到一个相对成熟的消费动机分析模型呢？方法有三种：① 请教有经验的产品经理；② 上网搜索；③ 从经典图书介绍的方法中选取。

例如，我采用的是第二种方法，用百度搜索到了一个模型——Censydiam 消费动机分析模型，如图 10-1 所示。

图 10-1　用百度搜索"消费动机分析模型"

Censydiam 消费动机分析模型是思玮公司设计的一个模型，用以分析人们做出消费决定时候的行为动机，如图 10-2 所示。

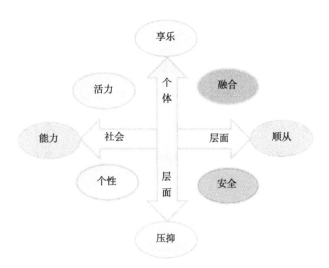

图 10-2　Censydiam 消费动机分析模型

这个模型从两个维度上衍生出八个描述人类消费动机的象限。

1．两维度

水平维度上描述的是人们在社会层面上解决需求的策略。一个失落的人或许会无意识地选择中庸的产品以求隐藏在群体中，而一个经过奋斗获得成功的人则希望用与众不同的产品向众人确认自己的成功，炫耀所处的地位。

垂直维度上描述的是人们在个体层面上解决需求的策略。一个人产生需求欲望时，可以压制自己的欲望，也可以将其释放出来。压制往往是由对需求的必要性或对满足需求的能力质疑或不确定而导致的。释放则来源于自信开放的心态。

2．八动机

通过对上面两个维度的分析，我们可以得到人们在满足需求欲望时的四种基本动机：

动机 1：顺从/归属：在集体中寻找到快乐，从众和谐。

动机 2：能力/地位：表达成功自我，得到他人的赞许。

动机 3：享乐/释放：释放内心欲望，积极享受，探索更广阔的世界。

动机 4：压抑/控制：回到自己的内心世界，克制欲望。

当然，每个人的行为动机不会像以上四种这样单纯。为了减小对人们行为动机分析上的误差，该模型还分析和总结了四个象限之间人们表现出来的行为动机。

动机 5：活力/探索，该象限的用户对花花世界充满了好奇，他们拥抱一切新奇的东西，渴望新的情感，以及挑战自我，自由、激情、冒险、速度是他们的代名词。

动机 6：个性/独特，该象限的用户总是表现得非常理智，他们也希望自己被他人注意到，众人的关注使他们有一种优越感，但相比于希望体现能力的人，他们还缺少强势和对他人的控制力。

动机 7：安全/舒适，该象限的用户总是关心内心世界，需要得到放松和宁静，希望被保护、被关心，有时候会从童年或过去美好的时光中寻找依赖。

动机 8：融合/沟通，该象限的用户总有一个开放的心态，希望与他人分享自己的快乐，分享友好，易于相处是他们经常得到的称赞。

在这里要特别注意，不要太担心选取的框架如果不是最好的怎么办。在这个步骤中选用的框架仅仅是用作入门理解的，在后面的步骤中会进一步完善和迭代。

○ 步骤 2　生搬硬套

选好一个框架后，接下来就要尝试应用它。

在首次应用的时候，一定要严格按照这个框架的内容和使用要求生搬硬套。

这是因为：① 理解技能中包含大量的概念性知识，而此时你对这些概念性知识的理解相当有限，甚至不知道某些概念性知识的存在，难以做出更好的应用；② 只有严格套用，你才能对这个框架有全面的了解；③ 假如结果不如预期（百分之八九十的情况都会如此），你才能根据应用结果分析该框架的哪些部分需要调整和改进，否则你很难判断是框架出了问题，还是你的应用出了问题。

因此，我们在首次应用 Censydiam 消费动机分析模型时，先不要质疑它的准确性和适用性，而要拿一个工作或学习中的实际案例来严格套用一下。

例如，现在我想在深圳某高端购物中心附近开一家奶茶店，主打天然健康概念。

要开这家奶茶店，首先就要划分目标用户群体，分析他们的消费动机，以确定奶茶店的装修风格，奶茶的品类、风味、包装等。

如果把用户群体划分的工作交给你，你会怎么划分呢？

如果靠直觉，一般人很可能做如下划分：

（1）根据用户的目的来分。例如，分为来看电影的、来买衣服的、来聚餐的、来唱卡拉 OK 的等。

（2）根据用户的年龄或职业特征来分。例如，在校学生、22~25 岁的公司白领、25~30 岁的女性白领等。

由于缺乏品牌营销和产品设计的经验，这种靠直觉划分出来的用户群体就很肤浅，很难分析出各群体的共性消费动机。例如，22~25 岁的公司白领购买天然健康奶茶的动机就有很多，很难统一。

这时，我们就可以尝试套用 Censydiam 消费动机分析模型，看看效果怎么样。

通过用户访谈、问卷调研或数据分析等，我们可以分析出用户的消费动机到底是 Censydiam 八大消费动机中的哪一类。例如，经过聚类分析，我们发现用户的消费动机主要集中在：

- 活力/探索类：对新鲜的事物充满了好奇，这种奶茶之前没喝过，特别想品尝。

- 压抑/控制类：最近想保持身材从而克制住自己的欲望，奶茶口感差点也行。

- 安全/舒适类：听说一般奶茶里的添加剂对人体不好，就想喝天然、无添加的。

- 融合/沟通类：自己觉得这种天然健康奶茶挺好的，就想请朋友一起喝。

你看，即使作为刚入行的产品经理，如果能用 Censydiam 消费动机分析模型替代主观直觉的话，做出来的消费人群动机分析也能深入不少。

这里再特别提醒一下，在这一步使用框架时，一定要生搬硬套，严格地按照框架的要求来填充，因为只有这样，你才能根据应用后的效果来分析这个框架需要改进的地方。

○ 步骤 3　质疑改进

在上一步中，我们反复强调了对框架的应用一定要生搬硬套，到了这一步就需要你全面质疑了。

质疑可以从两个层面开始：

- 应用层面上。根据应用效果的差异（在绝大多数情况下，实践结果与理论之间都有差异）来质疑框架的实用性。

- 理论层面上。探索框架背后理论的来龙去脉，了解和分析这些理论的不足。

1. 应用层面上的质疑

以用户对奶茶的消费动机为例。

假如一个用户的内在消费动机是安全/舒适类的，那么她会担心奶茶里的添加剂，但如果一帮朋友都买珍珠椰果奶茶，她购买珍珠椰果奶茶的概率就会很高，因为根据 Censydiam 消费动机分析模型，她会尽量跟集体行为保持一致，在一定程度上压抑自己的真实诉求。

在这种情况下，Censydiam 消费动机分析模型在解释一个用户消费行为背后的动机时就会出现矛盾。

跳出奶茶店的这个案例，我们从更广泛的应用案例中，也能找到 Censydiam 消费动机分析模型难以解释的消费行为。

例如，在中国，尽管时间跨度超过四十年，改革开放前后的女性，在心理人格比例上理应是相同的。但为何之前的大多数女性以节俭为第一价值观，而现在的大多数女性以美丽时尚为第一价值观。

这表明，Censydiam 消费动机分析模型在考虑环境影响方面存在不足，过于强调了个人自我动机。

2. 理论层面上的质疑

除了应用层面上的质疑，还可以从理论层面上质疑。

在第 5 章中，我们学习过概念性知识的理解方法：

- 这个知识的来龙去脉是什么？

- 这个知识与其他知识之间有什么联系？

- 这个知识有哪三个能用和不能用的场景？

因此，关于 Censydiam 消费动机分析模型，我们也可以来"扒一扒"它的前世今生。

Censydiam 消费动机分析模型是原思纬（Synovate）旗下的 Censydiam Institute 于 1997 年提出的，2011 年思纬被益普索集团（Ipsos）收购，现在是 Ipsos Censydiam 品牌增长解决方案的一部分。

Censydiam 消费动机分析模型是以奥地利心理学家阿尔弗雷德·阿德勒（Alfred Adler）的个体心理学为理论基础的，融合了弗洛伊德、荣格的部分理论。

阿德勒从 1900 年开始捍卫弗洛伊德的思想，但后来他与弗洛伊德的理论分歧越来越大，在 1911 年连续发表三篇文章，阐述他对弗洛伊德精神分析性倾向的反对，并于 1912 年提出了"个体心理学"。

阿德勒认为自卑感使人产生对优越感的追求，是行为的原始决定力量。一旦有了自卑感，人就会产生补偿的需要。补偿分为两种：一种是奋起反抗，个体通过脚踏实地的努力以改变自己所处的环境，成为生活的强者，在个人获得成功的同时，也对团体和社会做出贡献，这种积极性心理倾向为权利意识；另一种是顺应，个体放弃了改变环境，在困难面前彷徨、退缩，这表现为安全和归属的需求。

而在个体与社会的关系上，阿德勒认为正常人所追求的不是个人的成功和优越，而是他所生活于其中的那个社会的幸福。他指出，由于社会的分工，人只有参与社会生活才能感到自己的价值，从而形成乐观和自信的心理。人因为对生产做出贡献，才开始意识到他所要克服的个人自卑感来源于社会生活的自卑感。

阿德勒把补偿自卑感的理论与社会兴趣的理论相结合，从而形成了 Censydiam 消费动机分析模型的框架。

了解了 Censydiam 消费动机分析模型的理论根源后，我们就知道其中的局限了。阿德勒的"个体心理学"一直未能成为一个被公认的正规的心理学理论体系，但他将人格发展的重点由弗洛伊德生物学定向的本我转向了社会学的自我发展，并且开创了人本主义的人性理论，这有很大的积极意义。

但它也有两个主要缺陷：① 强调的补偿作用，较多重视生理组织方面，而忽视社会文化各方面的影响；② 阿德勒的补偿作用乃为反抗自卑感而来，解释太过消极，忽略了人尚有积极的支配欲。

因此，为了更好地理解消费者的动机，我们最好在 Censydiam 消费动机分析模型应用的基础上，扩充了解一下心理学的动机理论。

通过阅读《普通心理学》《人类动机》《动机心理学》等图书，你就能很快地了解到动机的分析包括生理分析、个体分析、社会分析、哲学分析四个层面，阿德勒的心理学理论处在生理分析和个体分析层面上。

同时，你能了解到目前还**没有任何一个理论能够单独说明我们对行为动机所知道的一切，即便诸如口渴这样看似简单的动机，也可能受到生理、习得、认知以及社会文化因素的影响。**

针对各大影响因素，目前的一些主流心理理论包括：

- 侧重生理因素的心理学理论，有习性学（弗洛伊德的本能理论归属于古典习性学）、进化理论、唤醒机制、生理调节等，阿德勒的学说包含了一部分生理因素的内容。

- 侧重习得因素的心理学理论，包括刺激、模仿、诱因、学习等。

- 侧重认知因素的心理学理论，包括期望–价值理论、人本主义理论（以马斯洛需求层次理论为代表）、从众理论、归因理论等，阿德勒的学说也包含了一部分人本主义的内容。

- 情绪、社会文化因素对动机也有很大影响，这点阿德勒的学说是没有涉及的。

通过对应用层面和理论层面的质疑，你是不是就很清楚 Censydiam 消费动机分析模型的适用范围，以及可以在它的基础上做哪些改进了？

例如，你至少已经知道：

- Censydiam 消费动机分析模型更适用于消费类行为的动机分析，而不适用于非消费类行为的动机分析。例如，个人的学习动机、企业购买软件的动机都不适合用这个模型。

- Censydiam 消费动机分析模型更适用于发掘与定位品牌与消费者之间的情感联系，因为阿德勒分析的需求层次更多属于马斯洛需求层次理论中的第三层和第四层——爱与归属的需求、尊重的需求。

- Censydiam 消费动机分析模型在应用时，如果再加上情绪、环境、社会文化等因素的考量，对消费动机的分析就更完整和准确了。

第3节　应用示例：快速掌握商业模式设计

在"大众创业、万众创新"被提出之后，一股巨大的创业浪潮迅速席卷了整个中国。提到创业，就不得不提到商业模式。

简单来说，商业模式就是如何赚钱的方式。这对创业而言是很重要的一件事。无论你是想拿投资人的钱，还是想拉人一起干，都需要一个清晰的商业模式作为基础。如果商业模式不清晰，创业成功的概率将大大降低。

那么，如何才能设计出一个可行的商业模式呢？

只在理论层面上讲这个问题，显得有点大，也有点空，不如拿一个具体的创业项目来说明，这样更聚焦，也更有参考价值。

例如，现在要你创办一个 ERP 顾问培训机构，你会如何设计这个商业模式呢？

下面我们就用理解技能三步学习法，看看怎样从零开始，快速掌握商业模式设计的技能。

- 步骤1　挑选框架
- 步骤2　生搬硬套

- 步骤3　质疑改进

步骤1　挑选框架

设计商业模式，不能"一拍脑袋"就动手。在关于理解技能的学习误区中已经强调过，对一名新手来说直觉就是"瞎猜"。

不能靠直觉动手，那么该怎么办呢？

磨刀不误砍柴工。这就要运用第2章介绍的框架策略，先找出一个商业模式的框架，依葫芦画瓢做上一遍。

既然要挑选一个商业模式的框架，要不要将有关商业模式设计的理论框架都好好研究一遍，再从中精挑细选一个？

如果这么做，就陷入了另一个误区：陷入无穷无尽的理论汪洋中，这样既浪费时间，又容易迷失在各个理论流派的争议中。在这个步骤中，你无须将所有理论都比对一遍，而是要挑选出一个相对成熟的理论框架。

那么，怎样才能挑选出一个相对成熟的理论框架呢？方法有三种：① 请教有经验的创业者；② 上网搜索；③ 从经典图书介绍的方法中选取。

例如，我采用的是第二种方法，用百度搜索到了一本书——《商业模式新生代》，如图10-3所示。

图10-3　用百度搜索"商业模式设计模型"

在该书中就有一个商业模式设计模型，叫作商业模式画布，如图10-4和图10-5所示。

图10-4　商业模式画布（1）

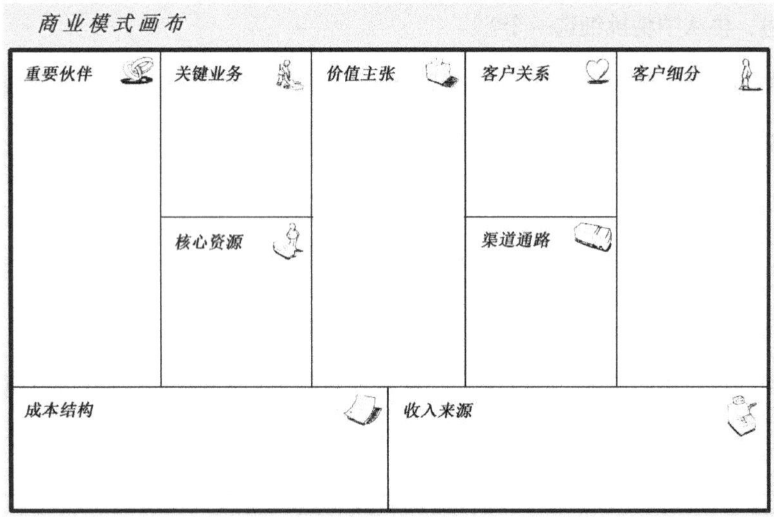

图10-5　商业模式画布（2）

商业模式画布是本书作者亚历山大·奥斯特瓦德提出的，他是著名商业模式创新作家、商业顾问。

商业模式画布将商业模式分为九个基本构造块，具体包括：

（1）客户细分（Customer Segments，CS）：企业或机构所服务的一个或多个客户分类群体。

（2）价值主张（Value Propositions，VP）：通过价值主张来解决客户难题和满足客户需求。

（3）渠道通路（Channels，CH）：通过沟通、分销和销售渠道向客户传递价值主张。

（4）客户关系（Customer Relationships，CR）：在每一个客户细分市场建立和维系客户关系。

（5）收入来源（Revenue Streams，RS）：收入来源产生于成功提供给客户的价值主张。

（6）核心资源（Key Resources，KR）：核心资源是提供和交付先前描述要素所必备的重要资产。

（7）关键业务（Key Activities，KA）：通过执行一些关键业务活动，运转商业模式。

（8）重要伙伴（Key Partnerships，KP）：有些业务要外包，而另一些资源需要从企业外部获得。

（9）成本结构（Cost Structure，CS）：商业模式的上述要素所引发的成本构成。

在这个步骤中，不用纠结商业模式画布是不是最好的商业模式模型，只要将其作为商业模式设计入门的初步理解材料即可，在后面的步骤中你还会对其做进一步的完善和迭代。

○ 步骤 2　生搬硬套

挑选出商业模式画布作为商业模式设计的框架后，接下来就进入应用阶段。

在首次使用商业画布时，一定要严格按照商业画布的内容和使用要求生搬硬套。

为什么呢？

在上一节就已经强调过：① 商业画布中包含了不少概念性知识，而此时你对这些概念性知识的理解相当有限，甚至不知道某些概念性知识的存在，难以做出更好的应用；② 只有严格套用，你才能对商业画布有全面的了解；③ 假如结果不如预期（百分之八九十的情况都会如此），你才能根据应用结果分析商业画布的哪些部分需要调整和改进，否则你很难判断是商业画布出了问题，还是你的应用出了问题。

下面就严格按照商业画布的内容，从创办 ERP 顾问培训机构出发，填充九个基本构造块。

1. 客户细分

根据《商业模式新生代》这本书的介绍，客户细分构造块用来描绘一个企业想要接触和服务的不同人群或组织。

那么，这个 ERP 顾问培训机构面向的客户群体有哪些？即培训机构向谁提供产品和服务，谁向培训机构付钱？

初步思考后，客户大致分为两类三种，如表 10-1 所示。

表 10-1　客户细分

客户类型	客户简要说明
学员	有志于从事 ERP 顾问行业的本科或硕士应届毕业生
	5 年以下工作经验的转行者
顾问公司	需要不断补充新人的 ERP 顾问公司

2. 价值主张

根据《商业模式新生代》这本书的介绍，价值主张构造块解决了特定细分客户的困扰或满足了客户需求。每个价值主张都包含可选系列产品或服务。

那么，这个 ERP 顾问培训机构解决了客户的什么困扰或满足了客户的什么需求？

又是分别通过什么产品或服务实现的呢？

针对三个细分客户群体，分别整理出的价值主张如表 10-2 所示。

表 10-2　价值主张

客户类型	价值主张	
	客户困扰/客户需求	产品或服务
应届毕业生	起薪高且未来有更多选择的工作	3 个月脱产培训、就业承诺
5 年以下工作经验的转行者	年龄越大职场竞争力越强（可持续发展）的工作	
顾问公司	性价比高的、稳定的实施顾问团队	被培训过的顾问、持续的人才供应

3. 渠道通路

根据《商业模式新生代》这本书的介绍，渠道通路构造块用来描绘公司是如何沟通、接触客户而传递价值主张的。

那么，这个 ERP 顾问培训机构可以通过哪些渠道接触客户，传递价值主张呢？

不同的客户群体可以有不同的渠道通路，如表 10-3 所示。

表 10-3　渠道通路

客户类型	渠道通路
应届毕业生	校园宣讲会、面向大学生的线上自媒体
5 年以下工作经验的转行者	人才中介机构、招聘网站、职场类的自媒体
顾问公司	ERP 产品公司的渠道管理部（有大量顾问公司资源）

4. 客户关系

根据《商业模式新生代》这本书的介绍，客户关系构造块用来描绘公司与特定客户细分群体建立的关系类型。

那么，这个 ERP 顾问培训机构，跟不同客户细分群体的关系分别是什么样的？

从实现价值主张的目的出发，应该建立的客户关系如表 10-4 所示。

表 10-4　客户关系

客户类型	客户关系
学员	长期的职业导师（培训前的职业规划、培训中的个性化指导、就业后的职业发展跟进）
顾问公司	稳定的合作伙伴（顾问需求的共同确认、面试招聘的协同、入职顾问的工作跟踪指导）

5. 收入来源

根据《商业模式新生代》这本书的介绍，收入来源构造块用来描绘公司从每个客户细分群体中获取的现金收入（需要从创收中扣除成本）。

那么，这个 ERP 顾问培训机构分别可以从不同的客户群体中获得什么收入？

主要收入来源有两种，如表 10-5 所示。

表 10-5　收入来源

客户类型	收入来源
学员	培训费净收入（扣除招生、培训、就业的成本）
顾问公司	人才中介费（收取 1~1.5 个基本月薪的费用）

6. 核心资源

根据《商业模式新生代》这本书的介绍，核心资源构造块用来描绘让商业模式有效运转所必需的最重要因素。

那么，为了实现价值主张，获得收入，ERP 培训机构必须具备哪些核心资源？如表 10-6 所示。

表 10-6 核心资源

商业模式运转核心资源	核心资源说明
招生资源	高校资源、有关注量的自媒体资源（累计不少于 100 万个）
培训资源	先进的顾问课程体系、优秀的培训老师
就业资源	有一定量顾问需求的顾问公司（年需求量不少于 1 000 人）

7. 关键业务

根据《商业模式新生代》这本书的介绍，关键业务构造块用来描绘为了确保商业模式可行，企业必须做的最重要的事情。

那么，这个 ERP 顾问培训机构有哪些关键业务是必须开展的？

参考核心资源的分析，至少需要做三类关键业务，如表 10-7 所示。

表 10-7 关键业务

商业模式运转关键业务	关键业务说明
招生业务	开拓高校关系，建立自媒体渠道
培训业务	开发课程，培训老师
就业业务	建立就业渠道

8. 重要伙伴

根据《商业模式新生代》这本书的介绍，重要伙伴构造块用来描述让商业模式有效运作所需的供应商与合作伙伴的网络。

那么，这个 ERP 顾问培训机构都需要哪些供应商，以及哪些合作伙伴？

从实现价值主张的目的出发，综合考虑核心资源和关键业务，不难发现需要相应的供应商和合作伙伴，如表 10-8 所示。

表 10-8 重要伙伴

核心资源/关键业务	供应商/合作伙伴
招生	高校辅导员、自媒体渠道商

续表

核心资源/关键业务	供应商/合作伙伴
培训	可担任兼职老师的资深顾问、版权课程供应商
就业	ERP产品公司渠道管理部、顾问公司HR、顾问公司实施管理部

9. 成本结构

根据《商业模式新生代》这本书的介绍，成本结构构造块用来描绘运营一个商业模式所引发的所有成本。

那么，这个ERP顾问培训机构包含的成本结构有哪些？

根据价值主张实现的要求、必备的核心资源、关键业务，以及重要伙伴设计，成本结构如表10-9所示。

表 10-9　成本结构

主要成本分类	成本类型	主要成本说明
招生成本	固定成本	自媒体广告投放费
	可变成本	招生中介费、招生提成
培训成本	固定成本	教室租金、课程研发成本
	可变成本	教学人员工资
就业成本	固定成本	—
	可变成本	学员就业补贴（交通、简历、补助）
管理成本	固定成本	办公室租金、IT系统投入
	可变成本	管理人员工资

至此，商业画布的九个构造块就都填写好了。你可以按照商业画布的构件布局一一填充，如图10-6所示。

选用了商业模式画布这个框架后，即使之前从来没有设计过商业模式的新手，也可以比"靠猜"考虑得更全面、更系统。

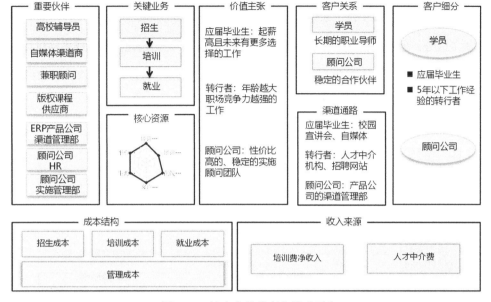

图 10-6　填充完整的商业模式画布

在这一步使用框架时，一定要生搬硬套，严格按照框架要求填充（就像我严格按照《商业模式新生代》这本书的要求填写一样）。只有在这一步生搬硬套，才能真正找出这个框架需要改进的地方（若有的话），为将来更好的应用做好准备。

○ 步骤 3　质疑改进

经过上一步的生搬硬套之后，就要对商业模式画布进行全面质疑。

1. 应用层面上的质疑

在使用商业模式画布的时候，你会发现无论是价值主张、渠道通路、客户关系，还是收入来源，都是针对客户细分群体的。但是，在按照商业模式画布填充的时候，这个对应关系就被割裂了，很难被可视化地体现出来。

在《商业模式新生代》这本书给出的所有商业画布示例中，对价值主张、渠道通路、客户关系都没有按客户细分群体进行展示。

虽然在填充价值主张、渠道通路、客户关系的时候，已经尽可能地按客户细分群体做了区分，但这种体现是非结构化的文字说明，而不是结构化的图形或表格设计。

因此，从更好地体现九个构造块的逻辑关系角度出发，可以对商业模式画布的布局做优化调整，如图 10-7 所示。

优化后的商业模式画布			
1. 客户细分	学员		顾问公司
	应届毕业生	5年以下工作经验的转行者	
2. 价值主张	**困扰/需求：** 起薪高且未来有更多选择的工作	**困扰/需求：** 年龄越大职场竞争力越强（可持续发展）的工作	**困扰/需求：** 性价比高的、稳定的实施顾问团队
	产品/服务： 3个月脱产培训+就业承诺		**产品/服务：** 被培训过的顾问+持续的人才供应
3. 渠道通路	校园宣讲会、面向大学生的线上自媒体	人才中介机构、招聘网站、职场类的自媒体	ERP产品公司的渠道管理部（有大量顾问公司资源）
4. 客户关系	长期的职业导师（培训前的职业规划、培训中的个性化指导、就业后的职业发展跟进）		稳定的合作伙伴（顾问需求的共同确认、面试招聘的协同、入职顾问的工作跟踪指导）
5. 收入来源	培训费净收入（扣除招生、培训、就业成本）		人才中介费（收取1~1.5个基本月薪的费用）
6. 核心资源	……		
7. 关键业务	……		
8. 重要伙伴	……		
9. 成本结构	……		

图 10-7　商业模式画布优化

换成这个布局后，是不是逻辑关系更强呢？

其实，只要你在第二步中坚持生搬硬套，严格按照《商业模式新生代》这本书的说明去应用商业模式画布，你还会发现更多可优化的地方。例如，客户关系与价值主张的部分重叠，核心资源只从内部需要出发而未考虑与外部的比较性优势等。限于篇幅关系，我就不一一展开了。

2. 理论层面上的质疑

除了应用层面上的质疑，还可以从理论层面上提出质疑。

在第 5 章中，我们学习过概念性知识的理解方法：

- 这个知识的来龙去脉是什么
- 这个知识与其他知识之间有什么联系
- 这个知识有哪三个能用和不能用的场景

因此，通过分析商业模式画布的前世今生，就能发现它的一些应用局限。

商业模式画布是亚历山大·奥斯特瓦德于 2008 年提出来的，最初起源于他于 2004 年完成的博士论文，如图 10-8 所示。

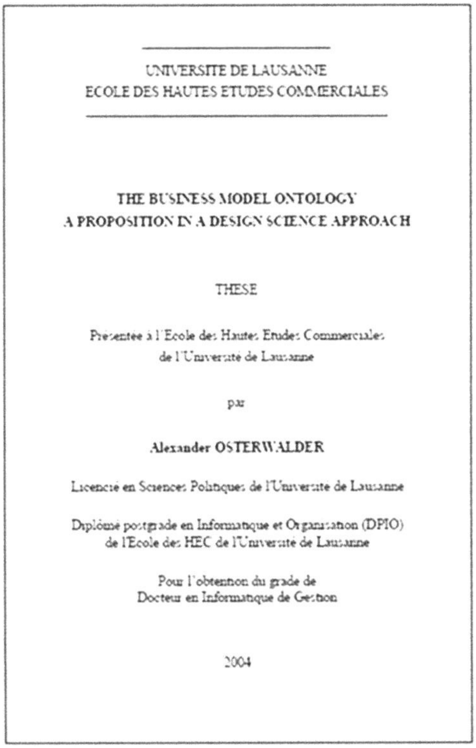
UNIVERSITE DE LAUSANNE
ECOLE DES HAUTES ETUDES COMMERCIALES

THE BUSINESS MODEL ONTOLOGY
A PROPOSITION IN A DESIGN SCIENCE APPROACH

THESE

Présentée à l'Ecole des Hautes Etudes Commerciales
de l'Université de Lausanne

par

Alexander OSTERWALDER

Licencié en Sciences Politiques de l'Université de Lausanne

Diplômé postgrade en Informatique et Organisation (DPIO)
de l'Ecole des HEC de l'Université de Lausanne

Pour l'obtention du grade de
Docteur en Informatique de Gestion

2004

图 10-8　亚历山大·奥斯特瓦德于 2004 年的博士论文

在论文中他提出了一个三层模型：strategic layer（战略层）、business model layer（商业模式层，商业模式画布所在的层）、process layer（执行层）。

他明确指出，商业模式是战略与执行的黏合剂，要把战略转化为商业模式，商业模式再转化为可执行的计划，才可以让战略真正落地，战略是商业模式的源头，如图 10-9 所示。

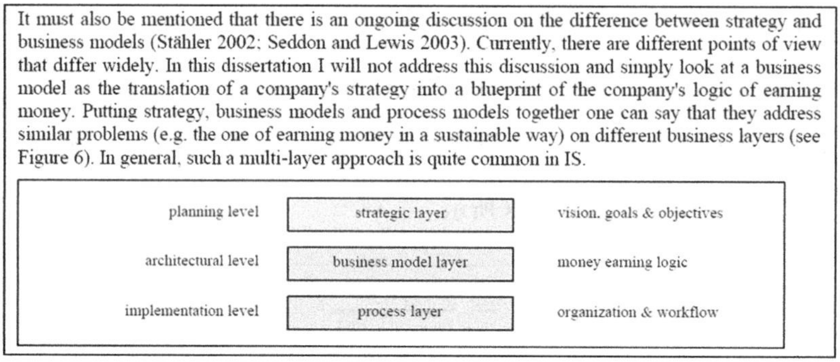

It must also be mentioned that there is an ongoing discussion on the difference between strategy and business models (Stähler 2002; Seddon and Lewis 2003). Currently, there are different points of view that differ widely. In this dissertation I will not address this discussion and simply look at a business model as the translation of a company's strategy into a blueprint of the company's logic of earning money. Putting strategy, business models and process models together one can say that they address similar problems (e.g. the one of earning money in a sustainable way) on different business layers (see Figure 6). In general, such a multi-layer approach is quite common in IS.

planning level	strategic layer	vision, goals & objectives
architectural level	business model layer	money earning logic
implementation level	process layer	organization & workflow

图 10-9　三层模型说明

这个三层的设想很好，但是亚历山大·奥斯特瓦德并没有更详细地说清楚两点：① 从战略层到商业模式层如何转化？转化机制是怎样的？②从商业模式层到执行层如何转化？转化机制又是怎样的？

因此，在使用商业模式画布的时候，你会感觉到战略目标与商业模式似乎有一定的脱节（例如，识别出的客户细分群体都需要吗？不需要的话，筛选标准是什么？）。

商业模式画布制作完成后，如何将其落地执行确实是一大挑战。由于在关键业务方面的识别过于粗略，我们无法将其转化成具体的任务，也不清楚应如何配合适当的流程、组织和人才。

这可能跟亚历山大·奥斯特瓦德的背景有关。在设计商业模式画布时，他可能缺少足够的企业实践经验。而且，在他的职业生涯中，他主要从事演讲和顾问工作，而对战略、商业模式和执行之间一致性连接的细节问题考虑得不足。

了解这个理论的缺陷后，就可以进一步寻找是否有其他的商业模式设计工具能够更好地将战略与执行相结合。

还是用这三种方法：① 请教有经验的创业者；② 上网搜索；③ 从经典图书介绍的方法中选取。你会找到另一个框架——IBM 的业务领先模型（Business Leadship Model,BLM），如图 10-10 所示。

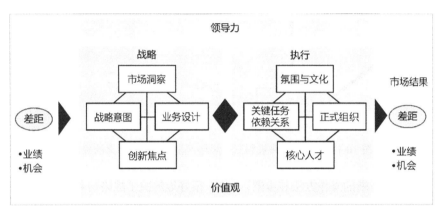

图 10-10　BLM

它是一套用于战略制定与连接执行的思考框架，相较于商业模式画布，它有两个明显的不同：

- 以差距为导向，有效连接战略与执行。

- 特别关注支持战略执行的组织能力和一致性问题。

BLM 的"业务设计"相当于商业模式画布，但它将商业模式画布中的关键业务和重要伙伴两个构造块拆分为设计和执行两个层次：① 一个是在"业务设计"中的"活动范围"，这是商业模式设计层次的；② 一个挪到了执行部分，也就是"关键任务+依赖关系"。

BLM 不仅将亚历山大·奥斯特瓦德论文中模糊的战略层细化为"战略意图""市场洞察""创新焦点"，而且给出了这三个要素与"业务设计"之间的连接关系，如图 10-11 所示。

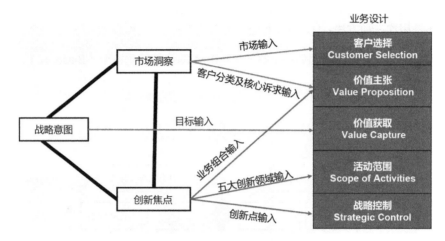

图 10-11　BLM 战略规划三要素与"业务设计"要素的关系

通过更为清晰的操作方法和步骤，BLM 很好地解决了战略与商业模式（业务设计）一致性的问题。

不仅如此，BLM 还充分强调了"业务设计"与"关键任务+依赖关系"之间连接的重要性，给出了两者之间连接的具体操作方法，从而很好地解决了商业模式与执行一致性的问题，如图 10-12 所示。

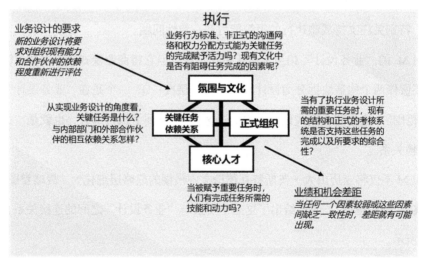

图 10-12　BLM 业务设计与执行的一致性连接

BLM 这套思考框架的内容很多，在这里仅从补足商业模式画布理论不足的部分出发，简单地介绍了很小一部分内容。如果有兴趣想要深入了解 BLM，可以在网上搜索 BLM 的相关资料。

当从理论层面上去质疑商业模式画布、探究它的前世今生时，就很容易发现它理论上的不足之处：战略、商业模式、执行三者之间的一致性不足。知道了这个不足后，你就会有针对性地搜索新资料作为补充，从而将商业模式画布改进得更完善。

总结

这一章我们学习了理解技能的特点、学习误区，并且以消费动机分析技能为例，初步了解了理解技能学习的三个步骤：选用框架、生搬硬套、质疑改进。

你可以对照程序技能和理解技能的学习步骤（见表 10-10），看看这两者有何不同，以及为何会有这些不同。

表 10-10　程序技能的学习步骤和理解技能的学习步骤

程序技能	理解技能
步骤 1　基本了解	步骤 1　选用框架
步骤 2　简单入门	步骤 2　生搬硬套
步骤 3　迭代深化	步骤 3　质疑改进
步骤 4　自然重复	

同时我们以一个更复杂的理解技能——商业模式设计技能为例，完整演练了理解技能的三步学习法：

- 步骤 1 挑选框架。挑选了商业模式画布作为商业模式设计技能的初始框架。
- 步骤 2 生搬硬套。严格按照商业模式画布九个构造块的要求，逐一完成了填充。
- 步骤 3 质疑改进。分别从应用层面和理论层面对商业模式画布做出了质疑。

在应用层面上，对商业模式画布的九个构造块的逻辑关系做出了质疑，并由此对商业模式画布的布局做了优化。在理论层面上，按照概念性知识的三问，分别从来龙去脉、知识之间的联系，以及三个能用和不能用的场景做了分析，并引出了BLM。

学员感言

阅读完这一章后，我意识到很多东西其实是相互关联的。例如，在初步理解理解技能时，框架的学习策略就派上了用场；而在学习理解技能时，概念性知识的三个自问也起到了很大的帮助。这让我意识到，不同的知识点和策略之间是相辅相成的，需要灵活运用，才能更好地掌握和理解所学内容。

——学员1

在面对包含大量概念的技能学习时，我曾感到极度恐惧，如业务模式设计、市场规划等。然而，通过阅读这一章，我逐渐克服了这种恐惧。那些曾经让我感到恐惧的行业分析师岗位，现在也重新激发了我挑战的勇气。

——学员2

书外求助

看完了这一章，对理解技能的学习步骤掌握了吗？

现在你知道哪些技能是理解技能，哪些技能是程序技能了吗？

为什么程序技能的第一步要明确功利性学习目的、阅读基本资料，而理解技能的第一步就是直接套用框架呢？

你是不是还有更多的疑问需要探讨？

关注微信公众号YouCore，发送"学习力"，即可入群获得书外求助。

第11章

行为技能的学习：打造文武双全的你

关于程序技能和理解技能，通过商务 PPT 制作的学习步骤，以及商业模式设计的学习步骤，我相信你已经基本掌握了。

本章将介绍一种新的技能类型——行为技能的学习方法和步骤。

第1节 行为技能的学习要点

○ 行为技能的特点

1. 程序性知识占主体

行为技能，是指以程序性知识为基础，通过学习和训练，将一系列动作以完善合理的方式组合，并逐步达到高度自动化的技能。它占用的认知资源较少。

我们在工作中经常见到的行为技能有护士打针、流水线工人的生产线作业、年会上唱歌或弹奏乐器等。

写字楼里的白领工作，相较于其他职业，通常涉及较少的行为技能。下面我以大家熟悉的体育运动为例进行说明。

2. 强调动作的熟练度与准确度

评估一项行为技能是否精湛，主要指标是熟练度和准确度。

例如打乒乓球，我们发球能做到把球发过去、能上台、不下网就心满意足了，而乒乓球高手可以达到什么样的程度呢？关于"不会打球的胖子"刘国梁，网上有一段视频。视频展示的是，球员平握球拍，距离球网上方不到 10 厘米，刘国梁却能做到每个发球穿隙而过，令人惊叹，如图 11-1 所示。高手不仅能做到把球打上台，还追求球的落点。

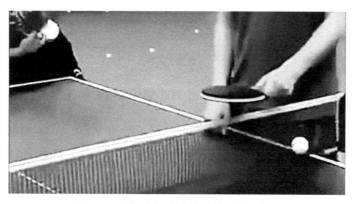

图 11-1　熟练度与准确度（乒乓球示例）

○ 行为技能学习上的误区

1. 靠直觉而非模仿专业示范入门

行为技能涉及大量的程序性知识，而这些程序性知识经过前人不断的实践与改造，已经形成了比较成熟的框架。由于行为技能的特殊性，这些框架就体现在专业选手的外在动作中，模仿专业选手就等于运用这些框架，这样学习效果才可以事半功倍。

在实际生活中，很多人在初学一个行为技能时，觉得只是做做动作，比较简单，凭直觉做事，结果往往事倍功半。由于动作不规范，还容易导致身体受伤。

例如，打羽毛球，很多人觉得打得远就是因为力气大，因此会过度挥动手臂，导致手臂脱臼。然而，旁边练习场上的一些八九岁的小女孩却能轻轻松松把球打得都比这些人远。

2．盲目模仿，没有量力而行

在三大学习策略之一的功利性学习中，我们强调，要确定学习的范围和顺序。由于行为技能的特殊性，虽然框架就体现在专业选手的外在动作中，但有的动作难度较大，无法直接模仿。

例如，学习骑自行车，虽然别人骑得很轻松，但是当自己直接模仿时就很容易摔得鼻青脸肿。

3．一味重复，没有细化改进

行为技能的第三个误区，比前两个误区更加隐蔽。人们认识到了框架，就是认识到了模仿专业示范的价值，也做出了动作，但是当模仿之后效果不佳时，就会简单归因于自己不熟练。于是盲目重复，而不是将动作细化分解，发现隐蔽动作以做改进。

例如打羽毛球，自己感觉已经完全模仿了专业视频里的动作，但还是效果不佳，原因也许是握拍的手指位置不对。

第 2 节　行为技能的学习步骤与示范

现在我们知道行为技能的特点，以及学习上的主要误区了。那么，要怎样学习才能快速、高效地掌握这类技能呢？

按下面四个学习步骤来做就可以：

- 步骤 1　挑选对象

- 步骤 2　量力模仿

- 步骤 3　分解简化

• 步骤4　局部细化

我以打羽毛球为例，给大家做个慢动作分解演示。

○ 步骤1　挑选对象

这个步骤是要先挑选一个模仿对象。

应该挑选怎样的模仿对象，这就要从你的学习目的出发了。

例如，我周末想和同事进行羽毛球比赛，但是我的球技不够出色，尤其是球打得不够远，这时我就可以确定我的学习目的是"如何能把羽毛球打得更远"。

明确了学习目的，有了功利性学习目标后，接下来就是从这个目标出发，选择一个合适的专业示范来模仿。

选择的方法有三种：① 请教羽毛球教练；② 上网搜索；③ 从经典图书介绍的方法中选取。

例如，我采用第二种方法，用百度搜索"如何能把羽毛球打得更远"，如图 11-2 所示。

图 11-2　用百度搜索"如何能把羽毛球打得更远"

　　既然是行为技能，那么最好能有视频模仿，这样效果会更好。选择百度视频，可以看到其中有打羽毛球的教学视频，如图 11-3 所示。

图 11-3　用百度搜索视频"如何能把羽毛球打得更远"

　　视频中有教练的示范动作，有的还有教练的讲解。你不用担心教练讲解得是否全面，因为这里只是入门模仿的示范动作，在后续阶段还会根据需要做补充。

○ 步骤 2　量力模仿

　　选择好模仿对象后，接下来就要开始尝试模仿了。

　　例如，在一段视频中，教练告诉我们如何正确地挥拍（以右手持拍为例）。

　　第一步　举拍。侧身站立，两脚分开与肩同宽。举拍的时候，拍面朝前，面对球网。小臂与大臂成 90 度的直角，大臂与肩膀平行，手腕竖起。左手的位置应高于右手。

　　第二步　引拍。引拍的时候，将球拍自然地向后移动，身体与手肘一起转身。

第三步　导拍。利用小臂的内旋发力击球，在接触球的瞬间握紧球拍。击球后，球拍自然顺势放置在身体的左侧。

你按照举拍、引拍、导拍进行模仿后，怎样判断自己模仿得对不对呢？

你可能会说，直接看球是不是打得比原来远了。这是从结果出发，有可能结果是比原来好一些，但你的动作没有完全模仿正确。

除了看结果，你还要将自己模仿的过程与模仿对象进行比较。当局者迷，你自己看不到整个身体的动作。因此你可以采用这两种方法：① 让别人看你的动作，与模仿对象进行比较。② 用手机把自己的动作录下来后回放。

第二种方法效果更好，可以清楚地看出来自己模仿的差距在哪里。

这里特别提醒你，在模仿的时候，一定要量力而行，防止对自己造成不必要的伤害。

经过量力模仿这一步，相信你的羽毛球已经比开始时打得更远了。

○ 步骤3　分解简化

在步骤2中，我们强调了在模仿视频动作的时候要量力而行，因为有的动作会有危险。

例如骑自行车，自己独自学习，模仿整个骑车动作，是很容易摔伤的。

所以一般是亲戚朋友扶着你的自行车后座，你一边骑，他们一边跟在后面跑，帮你保持自行车的平衡。

我当时学习骑自行车的时候，没有找人帮我扶着自行车后座，没有摔跤却学会了。

怎么做到的呢？

我采用了分解简化的方法。

为什么骑自行车容易摔跤呢？因为这个动作本身对初学者难度太大，既要控制自行车龙头，又要两脚踩踏板，踩踏板的时候，身体的移动，导致龙头的控制就更难了。

于是，我将整个动作进行了分解简化。

首先只考虑控制自行车龙头。

这里就有个问题，即在自行车行进中控制龙头才有难度，否则没有意义。但怎么样才可以获得行进的动力，而不需要踩踏板呢？

我想到了一个办法：找一个比较平坦的下坡，这样根本不用踩踏板，自行车就可以动起来，这时我就可以把注意力只放在控制自行车龙头上。注意，找一辆坐垫不要太高、没有横杠的自行车，这样即使控制不住龙头，也可以及时下车或单脚撑地。

经过这样的学习方式，很快我就对龙头的控制有感觉了。

当龙头控制没有问题后，再从下坡切换到一个平地上，加上踩踏板的动作，就简单多了。

还有一种情况，模仿的动作本身没有危险，但就是难度太大，以至于无法严格按照框架完成完整动作。例如，打羽毛球时我连球都打不到该怎么办？

所以除了分解动作，还要降低动作的难度。

如果按照视频的动作模仿，连球都打不到，这时候就可以分解简化为以下动作。

动作 1 握拍

先从最基本的握拍开始，这就像吃饭要知道如何拿筷子、写字要知道如何握笔一样。

大部分初学者的握拍动作都是错误的，把羽毛球拍当作苍蝇拍来握。正确的握拍方法应该和握菜刀切菜的手法是一样的。具体来说，球拍对应刀面，球框对应刀背，虎口一定要对准刀背，也就是球框。

动作 2 握拍击球

握拍没有问题后，再加大一点难度。

原地握拍，连续向上击球，争取不要让球落地，击球次数越多越好，这样可以提升球感。

动作3 无拍动作

握拍掌握了，原地击球也可以做到了，有了这些作为基础，就可以回到高远球的动作了。

一开始，还是分解简化，只做最简单的动作，不要球，连拍子都不要。按照举拍、引拍、导拍三个步骤徒手做动作。

动作4 无球动作

无拍动作没有问题后，这时可以加上羽毛球拍做动作，但还是不要考虑球。

要保证拍子击球的效果，拍面要正，可以尝试面对墙，看挥拍时拍面与墙的角度。

动作5 击打吊球

无球动作掌握后，下一步就可以加上球。

开始为了降低难度，把羽毛球用一根绳子吊在固定的位置，进行击打。这样虽然加上了球，也比较简单。

动作6 固定位置喂球

固定吊着的球没有问题了，下一步就是找一个朋友固定发球到某一个位置。

动作7 多位置喂球

如果固定位置学会了，下一步就可以改变位置，让朋友发球到场上的任意位置。

这时候基本上是实战的节奏了，在这样的情况下能打得远，实战也没有问题。

原来的动作难度可能像爬一座大山，但经过这样的分解简化，就变成了爬一级一级的台阶，学习的坡度小了很多，不知不觉就把大山的难度给攻克了。阶段性的成就感还可以让自己保持信心，让自己不至于半途而废。

○ 步骤 4　局部细化

经过前面三个步骤，你已经可以模仿出完整的动作。如果对自己要求比较高，还想进一步提升，就可以做步骤 4 局部细化。

在步骤 2 中，我们强调一定要一丝不苟地模仿视频动作，但视频的信息是有限的，有些动作细节很隐蔽，教练没有介绍，从视频中也看不清楚。

例如，视频中提到在击球的瞬间握紧球拍。这就令人纳闷了，一开始不握紧球拍，球拍不就掉下来了吗？

这时，你可以搜索羽毛球球拍的握法是怎么样的，如图 11-4 所示。

图 11-4　用百度搜索"羽毛球 球拍 握法"

原来握拍的时候，拍柄要和手心空出来，发力的时候才握紧。这样做主要是为了变换手法，切换正反拍，就像握笔要放松，运笔才自如。

握拍的问题解决了，但可能打着打着，你发现自己打的距离是比以前远了，但为什么别人比自己轻松很多？

一查才发现，原来和发力的方式有关。正确的打球节奏，是一松一紧，开始放松，在击球的一刹那收紧，有一种"鞭打"的感觉。

经过这样局部细节的不断优化，你模仿的效果就能更上一层楼。

到这里就已经完整掌握行为技能学习的四个步骤了：挑选（模仿）对象、量力模仿、分解简化、局部细化。

总结

评价一项行为技能是否精湛的标准，是熟练度和准确度。

但不少人在学习行为技能的时候，容易陷入三个误区，导致时间花了很多，但熟练度和准确度的提升有限：

- 靠直觉而非模仿专业示范入门。
- 盲目模仿，没有量力而行。
- 一味重复，没有细化改进。

针对这三个误区，我以如何掌握打羽毛球的技能为例，演示了行为技能的四个学习步骤：

- 步骤 1 挑选对象
- 步骤 2 量力模仿
- 步骤 3 分解简化
- 步骤 4 局部细化

学员感言

打羽毛球看似简单，但实际上蕴含着许多技巧和门道。过去，我曾认为只要多练习就能提高水平，但通过这一章的学习，我意识到学习方法和策略的重要性。

现在，我开始关注并运用一些有效的学习策略，希望能在羽毛球技能上取得更大的进步。

——学员 1

确实，行为技能与认知技能虽然有很大的差异，但它们的学习方法有些是相通的。例如，功利性学习、框架的应用以及将复杂动作分解简化的方法，这些都可以在行为技能的学习中发挥作用。

——学员 2

📥 书外求助

看完了这一章，是不是又掌握了一项技能的学习步骤？

除了打羽毛球，你有没有其他想掌握的行为技能？或者你想不想看看别人是如何掌握更多行为技能的？

关注微信公众号 YouCore，发送"学习力"，即可入群获得书外求助。

第 12 章

综合运用：如何快速切入
一个新行业或新领域

在前面的 11 章中，我们一起了解了 3 大学习策略（第 1~3 章）、5 类学习技巧（第 4~8 章），并且通过对 3 类不同技能的学习演示了如何综合运用这 3 大学习策略和 5 类学习技巧（第 9~11 章）。

本章将对前面的学习策略、方法、工具、技巧进行综合运用，介绍如何快速切入一个新行业或新领域，从而帮助你：① 对这些策略、方法、工具、技巧做到融会贯通；② 具备更好的职场横向迁移能力，赢得更广阔的职场发展空间。

第 1 节　需要避开的 3 大陷阱

一般人在转入一个新的行业（如从生产制造业转到物流行业），或者转入一个新的业务领域（如从财务转为销售）时，往往会觉得不顺利：

① 要么感觉要学的新东西太多，怎么学都学不过来；

② 要么上手新工作特别慢，感觉跟刚开始工作的人一样，什么都要重新开始；

③ 要么工作成绩一落千丈，原先很多有效的做法似乎一下子都失效了。

之所以会出现这样的情况，主要跳入了以下 3 大陷阱之一。

- 生搬硬套先前知识或先前经验；

- 把自己当"一张白纸"，完全从零开始；

- 贪大求全，想"毕其功于一役"。

○ 陷阱 1　生搬硬套先前知识或先前经验

老张是一位长期从事生产车间管理的车间主任，近期转行管理销售团队。他认为销售业绩不理想是因为：销售人员太散漫，每天去了哪儿、干了什么没人管。于是开始做考勤管理，每天要打卡、要书面汇报见了哪些客户、谈了什么内容，结果人是不散漫了，但销售业绩不但没有提升，反而暴跌 2/3……

这就是生搬硬套老经验的结果，没有考虑销售人员与车间人员的工作性质的不同。

转入一个新行业或新领域时，最常见的问题就是生搬硬套自己先前的知识或经验。

销售人员是以目标为导向的，需要充分发挥个体能动性，而车间人员是以过程为导向的，需要确保生产过程中每个细节都不犯错。老张盲目套用自己先前的"成功管理经验"，将销售人员当车间人员来做过程管理，结果只能是越管越差。

在转入一个新行业或新领域时，千万不能盲目套用先前的经验做事，而应该先对新行业或新领域做一个整体的了解，构建出一个框架，哪怕是最粗颗粒度的那种。在新框架的指导下系统地比较新工作与原工作的异同，这样才能知道哪些知识和经验可以照搬照用，哪些需要改造后才能用，哪些不能再用。

○ 陷阱 2　把自己当"一张白纸"，完全从零开始

你是否有过这样的经历？

在刚进入一个新行业或新领域时，完全将自己当作"一张白纸"，觉得先前的知识和经验用不上，最大的心理阻碍是"这个我没做过""这个我不会"，所以，一切都等着别人重新教。

事实上，最新的发展心理学研究证明，哪怕就是刚出生的婴儿都不是一张白纸，他们对基本的物理现象是有认知的。例如，一个物体要用手去推才能动，如果没有推就动了，他们就会表现出很大的好奇心。

既然连婴儿都不是白纸，那么转行或转岗的我们，就更不应该是白纸了。

建构主义者认为，所谓学习，就是个体对知识的不断建构。建构就是带着先前知识和经验来理解新环境和新事物，并且根据新的认知，不断地修正先前知识和经验，总结出更完善的知识体系，以便今后更好地学习、理解和应用。

如何才能更好地运用先前知识和经验，以及更好地建构新的知识和经验呢？

想象一下你的大脑是个超级工具箱。如果你把工具（也就是你的知识和经验）整整齐齐地分类放好，标上标签，如"沟通技巧""团队协作""数据分析"，很多工具各种场景都可以用，那么当你跳槽到一个全新的工作岗位时，你就能迅速找到需要的工具，马上投入工作，效率飞快。

但如果你的工具箱里乱七八糟，锤子放在钳子堆里，螺丝刀散落一地，想要找到能用的工具，就得翻箱倒柜，费时费力，甚至根本找不到，上手就会慢很多。

如果这些工具都是为了某个特别的任务定制的，例如只能在你上一家公司的那台老旧计算机上使用，那你到了一个新的工作环境，这些工具都将不再适用，一切就要从零开始，没有任何的积累，效率将大大降低。

所以，将知识和经验打造成通用工具，分门别类，随时准备着在任何新环境中发

挥作用，只有这样，无论我们走到哪里，都能快速适应，展现我们的能力。

同理，进入新行业或新领域后，如果能够构建出体系完整、条理清晰的框架，将新的知识和经验融入其中，那么无论是熟悉这份工作还是未来做下一份工作，你都会得心应手。

○ 陷阱 3　贪大求全，想"毕其功于一役"

越努力的人，越容易陷入第三种陷阱，即：贪大求全，想"毕其功于一役"。

他们知道进入一个新的行业或领域后，不能生搬硬套先前知识和经验，也知道不能像一张白纸一般等着别人来教，需要自己尽快掌握新行业或新领域的知识，因此他们往往恨不得一下子就能学会所有内容，想"毕其功于一役"。

随着人类知识和科技的飞速发展，任何一个行业或领域的知识都如同浩瀚的海洋，特别是在持续发展的领域，如 IT、AI 等，知识更新的速度远远超过个人学习的速度。

因此，想要一次性掌握某个行业的全部知识和技能，既不切实际，也容易引发不必要的焦虑。若因无法做到而感到自卑更是没有必要。

跳出这个陷阱的最佳做法就是功利性学习。

在搭好整体框架的基础上，紧紧围绕工作需要，先学急用的和基础的内容。在时间和精力允许的条件下，再填充框架中其他空白的部分。这个填充过程可能是几个月，也可能是几年，甚至一辈子。

生搬硬套、白纸心理、贪大求全，就是我们在进入一个新行业或新领域时最容易跳入的 3 个陷阱。接下来我们就通过 5 大学习步骤，综合掌握进入一个新行业或新领域的学习方法。

第2节　进入一个新行业或新领域的5大学习步骤

通过上一节对3大陷阱的剖析，我们知道了如果要快速切入一个新行业和新领域，最好能做到：

- 构建新行业或新领域的整体框架，哪怕是最粗颗粒度的框架。
- 将知识和经验提炼为更本质、更具一般性的内容，这样会更容易跨行业和跨领域迁移和应用。
- 根据工作的需要，要先学基础知识和当前急需的内容。

如何做到呢？下面这5个行之有效的步骤可以帮到你，如图12-1所示。

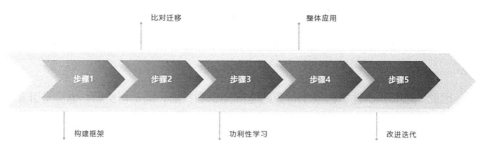

图 12-1　进入一个新行业或新领域的5大学习步骤

○ 步骤1　构建框架

无论是进入一个新行业，还是一个新领域，第一步都是建立一个整体框架。

这与大脑认知事物的策略有关。在建立整体认知的前提下，我们更容易理解和掌握局部、细节的内容。

假如我手上有10个物体，但我不会一次性告诉你它们所处的环境，而是每次随机选一个给你。在这种情况下，理解和记忆每个物体可能会有些困难。

例如，第 1 次我给你一个凳子。因为不知道凳子在整体中的位置，你只能认知到凳子最常用的功能，而无法有更深入的理解。

第 2 次给你一面镜子。这时你可能会想，这镜子是不是放在化妆间里，让人坐在凳子前照镜子？这时你对凳子和镜子的理解都增加了。

第 3 次给你一个吹风机。这可能进一步加深了你认为这里是化妆间的想法。

第 4 次给你一个儿童椅。这时你可能开始疑惑，化妆间怎么会有儿童椅呢？这说明之前对凳子、镜子和吹风机的理解可能有误。

第 5~10 次，在我将梳子、剪刀、推子、围布、毛巾、洗发水依次给你后，你是不是就能琢磨出来，原来这不是一个化妆间，而是一个小小的理发室。

通过从一个个局部的物体开始理解，相较于一开始就建立理发室的整体认知，这样的学习过程更加曲折，效率也较低。

同样地，在进入一个新行业或新领域时，如果不先建立一个整体框架，而是从局部开始学习，就会跟上面这个案例一样，花的时间更多，效果也更差。

如何更有效地构建一个行业或领域的整体框架呢？方法有三个。

1．请教业内"专家"

这里的专家不一定具有教授职称或博士学位，而是对这个行业或领域有深刻理解或丰富经验的人，哪怕学历不是很高。

最需要请教的是他们自己对这个行业或领域建立的整体认知框架。这是很宝贵的经验积累，可以帮你节省很多自我摸索的时间。

例如，你想转入财务领域，如果一开始能有一个整体框架，就更容易建立自己的财务知识体系，也更能找到自己应该优先学习的内容，如图 12-2 所示。

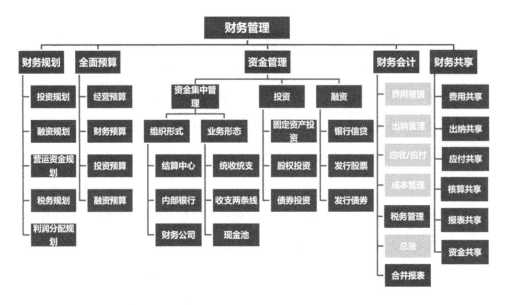

注：一般人刚开始从事财务工作时，学习和接触的仅仅是财务会计下面浅色背景的内容。

图 12-2　财务领域的整体框架（知识部分）示例

2．自己看书

方法 1 的效率高，效果也好，但有很大的运气成分，也就是说，在很多情况下，你很难碰到一个真正的专家，这个专家又正好愿意教你。

自我主动性更强的一种方法是自己看书学习。

那么，在几乎"一张白纸"的情况下，应该选择阅读怎样的图书，才能更好地构建一个行业或领域的整体框架呢？有以下两个基本原则。

原则 1：选择内容较浅但覆盖广泛的图书

这个时候的目的是建立整体框架，而不是深入了解，因此不需要选择那些内容很深的图书。了解一个行业，可以选择的图书有行业蓝皮书、行业研究报告等；了解一个领域，可以选择的图书有"从零开始×××""图解×××"之类的入门书。

原则 2：至少看三本

比较不同作者组织本行业或本领域知识的方式，这样既能跳出单个作者的局限，又能构建出相对完整的行业或领域框架。

3. 参加培训

如果一时遇不到合适的专家，自己看书提炼框架又觉得有难度的话，还有一个折中的方法，就是参加培训。

时间充裕的话，可以参加线下培训；时间不够的话，可以参加线上培训。

无论参加哪种形式的培训，都要选好培训机构或培训老师，保证一定的质量。

步骤 2　比对迁移

在完成步骤 1 后，我们需要对照整体框架，仔细审视自己已经掌握、已知但未掌握以及未知的知识和技能。对于已掌握的部分，我们可以将其迁移到新的领域中；对于已知但未掌握的部分，我们需要重新学习并掌握它们。

在迁移知识和技能时，我们要注意区分知识和技能，不要将能力和素质混淆。

为了更好地判断自己是否已掌握某个知识和技能，我们可以借助 Cynefin 模型进行辅助决策。Cynefin 模型是一个用于描述不同类型的问题、环境和系统的框架，可以帮助我们更好地理解和应用知识，如图 12-3 所示。

Cynefin 模型是一个将问题类型细分为 5 种场景的框架，如表 12-1 所示。这些场景分别是简单、繁杂、复杂、混沌和无序。在判断技能和知识是否掌握时，我们主要关注前三种场景。

在简单场景中，问题的因果关系清晰明了，行为和结果之间具有明确的对应关系。例如制作奶茶，按照配方进行操作，最终可以得到味道一致的奶茶。在这种场景中，最佳实践是存在的，我们可以通过直观的方式判断知识和技能是否已掌握。

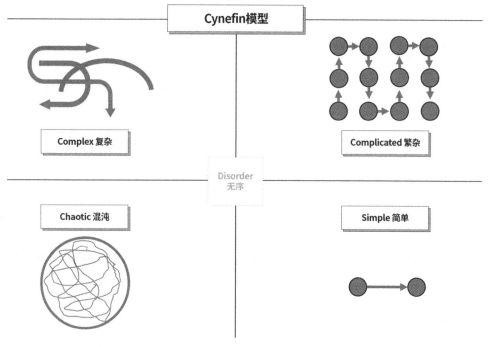

图 12-3　Cynefin 模型

表 12-1　Cynefin 模型 5 种场景特征及举例

场　　景	特　　征	举　　例
简单	问题清晰，因果关系明确	制作奶茶
繁杂	因果关系虽复杂，但可分析理解	编程、建造房子
复杂	因果关系不清，模式不定	教育孩子、企业文化的改变
混沌	无规律，极度不确定	美国"911"事件
无序	情境不确定，不知道属于哪个领域	

　　繁杂场景的特点是因果关系较为模糊，但通过专业知识的运用可以进行分析和解决。在这种场景中，各个专家的解决方案可能有所不同，但方向一致。例如，编程和建造房子都属于繁杂场景的例子。对于这种场景下的知识和技能，我们也可以较为明确地判断是否已掌握。

复杂场景则涉及许多未知因素，因果关系部分不可知，同样的行为可能导致不同的结果。例如教育孩子，同样的教育方法可能产生不同的教育效果，需要不断试错和迭代。这种场景下的知识和技能往往是已知但未掌握的。这也是技术人员在转行做管理时感到困难的原因之一。技术类工作通常属于繁杂场景，而管理领域更多地涉及与人打交道的复杂场景。

在不同的行业中，即使技能名称相同，其实际应用场景也可能有很大的差异。以建筑行业和企业管理咨询行业为例，两者虽然都涉及项目管理技能，但由于行业特性的不同，项目管理在两个行业中有着不同的应用和要求。在建筑行业中，项目管理更注重细节和严格按照规章制度执行，这属于繁杂场景；而在企业管理咨询行业中，项目管理由于存在较大的不确定性，更强调对相关方的管理和灵活性，这属于复杂场景。

在应用 Cynefin 模型进行知识和技能的判断后，我们可以明确哪些经验和知识可以套用到新的领域中，哪些需要经过调整后才能使用，以及哪些需要重新学习。这样既避免了盲目地生搬硬套，也避免了从零开始的情况发生。通过这样的判断和调整，我们可以更加高效地迁移知识和技能，提高工作效率和适应性。

○ 步骤 3　功利性学习

经过步骤 2 的比对迁移，有不少内容可以直接迁移过来，但也有不少内容需要重新学习。

这些内容有事实性知识、概念性知识、程序性知识，有理解技能、程序技能，甚至有行为技能，要想一蹴而就几乎是不可能的，但偏偏你的工作又要求你一学就会。这个矛盾如何调节呢？

解决的办法就是功利性学习。

进入一个新行业或新领域时要掌握的知识和技能有很多，但开始时每项任务并不要求你立马就能应用全部的知识和技能，它们需要的往往只是其中一小部分。

例如，你刚转入财务领域做一名应收会计。财务领域的知识无穷无尽，而且在不断更新中，但作为一名应收会计要做的工作，并不包括立即就会合并报表、资金集中管理、税务规划等，这些知识和技能可以先放在你的框架中，等以后再学。

其实，你眼中的那些"一学就会"的天才，不是学得比你多，恰恰相反，他们学得比你少，因为他们知道哪些先学、哪些后学，哪些熟练掌握、哪些了解即可。

如何选择优先学习的知识和技能呢？参考标准有以下三个。

1. 新行业或新领域必备的基础知识和技能优先掌握

这是后续学习的基础，因此一定要优先掌握。例如，你想转行做财务，借贷记账法这个基础知识是一定要优先掌握的。

2. 与工作需要的迫切程度一致

还是以转行财务为例。例如，先安排你做应收会计的工作，你就要优先掌握跟应收会计有关的财务知识和技能，如记账技能、应收账龄分析技能等，这样你才能更好地做到学习与工作的一致性。

假如你想挑战自己，希望自己半年后就有能力做成本会计的工作，那么，在掌握应收知识和技能的基础上，就可以优先学习与成本管理有关的知识和技能，但根据功利性学习的要求，你一定要找到应用的环境，如帮同事或朋友的公司做成本结算之类的工作。

3. 根据工作岗位确定学习的深度

除了根据工作需要的迫切程度确定学习的顺序，还要根据工作岗位确定学习的深度。

假如你是基层的执行人员，那么你的学习深度一定要包括对操作的细节知识了如指掌，对基本的操作技能熟练掌握。

假如你是中层管理人员，那么你的学习深度停留在对操作步骤有完整的了解即可，更关键的是，你要理解工作对公司业务的价值，以及如何分配任务，如何监督和考核才能保证任务的完成。

假如你是互联网产品经理，产品需要技术人员开发，而你需要知道技术的基本概念。即使你不了解具体技术细节，但哪些技术可以做到，哪些技术做不到，你需要大概清楚。这样当你和技术人员沟通时，技术人员会觉得你懂他们，更愿意和你交流，同时你也不至于提出一些无理要求，让技术人员觉得你不可理喻。

每个技能的具体学习方法，请分别参考第9~11章。

步骤4　整体应用

整体应用是指对你新学的知识和技能做最大限度的应用，而不是要你完整地应用新行业或新领域的所有知识和技能。

还以从事应收会计为例。公司布置给你的任务，可能是给这个月有业务往来的客户做好记账凭证，但如果你只做财务凭证的话，就白白浪费了一次很好的实践机会。

在学习应收会计的知识和技能时，你还学习了应收账龄分析，因此你完全可以在这次实践中，主动做一下这些客户的应收账龄分析。经过这次实践，你至少获得了两倍的经验，入行的速度加快很多。

步骤5　改进迭代

经过实践应用，你很快就会发现理论知识与实际情况之间的差异。这些差异可能是由下面三种情况导致的。

1．个人理解和应用出了问题

最常见的情况是，你未能充分理解这个理论，在实际应用的时候可能又偷工减料，未能严格按照理论的要求去做。

理解偏差一般会发生在概念性知识上。避免理解偏差的最好方法，就是应用第 5 章介绍的方法，自问三个问题：① 这个知识的来龙去脉是什么？②这个知识与其他知识之间有什么联系？③ 这个知识有哪三个能用和不能用的场景？

在实际应用的时候，特别是第一遍应用的时候，一定要严格套用该理论。只有这样，万一结果不如预期，你才能判断出来是你应用错了，还是理论本身不完善。

2．应用前提不一致

对理论知识本身的理解没有问题，应用的方法和程序也没有问题，问题是将正确的方法用在了错误的地方。

例如，将适用于公文写作的金字塔原理，用于写悬疑小说就不是很合适，就像拖拉机最适合田间作业，但用它载人终归不如大巴车。

严格意义上讲，应用前提不一致属于上一情形中的一种特殊情况，是一种特殊的理解偏差。在学习和应用的时候多去了解它适用的场景和不适用的场景，就可以避免。

3．理论不完善

你所应用的这个理论知识尚有不完备的地方，特别是一些新的行业或领域中的知识。例如，现在大多数的互联网运营理论和方法都是不完善的，因为互联网运营这个领域兴起的时间还不够长，很多的理论和方法都是基于局部、时间很短的应用经验所提炼的。

在质疑某个理论不完善之前，你应该严格套用过该理论，而且实践结果确实与理论结果不一致。

无论是个人理解和应用出了问题，还是应用前提不一致，抑或是理论不完善，都要根据实践结果做出改进，裁剪出适用于自己的方法，以便下次应用得更好。

在转入一个新行业或新领域时，践行以上这 5 个步骤，就会容易多了。

这 5 个步骤并不一定要严格地从步骤 1 到步骤 2，你可以不断地重复迭代。例如，先大致从步骤 1 到步骤 3 做一遍，根据初步理解，再认真从步骤 1 到步骤 5 完整地做一遍，以后随着对新工作理解的加深，再更新步骤 1 中的整体框架。

下一节，我们以如何在 3 个月内从运营小白成长为互联网运营高手为例，具体演示这 5 个步骤的应用。

第 3 节　应用示例：3 个月如何从运营小白成长为互联网运营高手

你已经知道，我是做企业管理咨询顾问出身的。在 2014 年创办深圳尔雅时，我们的主要业务是顾问委托培养和企业咨询，因此当我在 2016 年年底打算创办 YouCore 时，我对互联网运营是一无所知的。

当时因为临近春节，我们也不知道 YouCore 到底能做成什么样，所以也不可能招聘一名资深的运营总监来负责这块业务。

迫于无奈，我只好自己抽时间快速学习运营知识，带着两名从尔雅市场部转岗运营的同学，从零开始运营 YouCore。

用了不到 3 个月时间（到 2017 年 3 月），YouCore 就已经是一个稍具名气的职场公众号，而我也成了一名还算合格的兼职运营总监，后来还被"鸟哥笔记"等平台邀请做了一些"如何快速晋级高阶运营"的直播分享。

不到 3 个月就能从互联网运营小白成长为运营高手，我采用的就是上一节介绍的 5 大学习步骤。

这 5 大学习步骤运用起来如此神奇，你一定特别想看看是怎么做到的。

○ 步骤 1　构建框架

在这个步骤中要搭建出运营的整体框架，颗粒度粗一点、细一点都没有关系，关键在于构建的框架要完整。

作为一名互联网运营小白，在没有专家指导的情况下，最好的入门方法就是找三本讲互联网运营的书来读一读。

这里再次提醒你，在入门一个新的行业或领域时，千万不要只看一本书（也不要只看同一作者的书），因为你对这个行业或领域尚无任何经验，只看一本书是无法分辨出作者自身的倾向和局限的，而同时多看几本书并进行比对，才有助于你对新行业或新领域形成整体的框架。

关于互联网运营的入门书已有很多，如《从零开始做运营》《运营之光》《跟小贤学运营》等，我们从中挑选适合你自己的三本即可。

看完这三本书后，我对运营需要什么能力、什么技能、什么专业知识就大致清楚了。例如，我用本书第 4 章的主题阅读方法读完这三本书后，就画出了运营整体框架，如图 12-4 所示。

你可以将这个框架用作搭建 OneNote 笔记结构的指引，分别建好分组区、分区和关键的页面。这样做完之后，哪怕后续学习的运营知识再零散，你也知道应该将它们归类在笔记的哪个位置，从而真正做到碎片化输入、体系化积累，如图 12-5 所示。

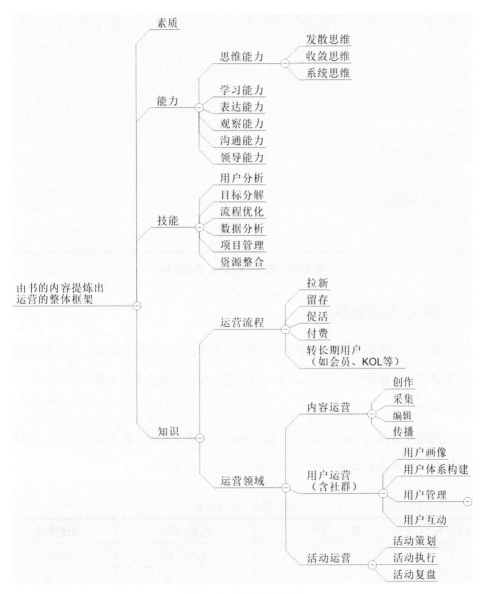

图 12-4　运营整体框架

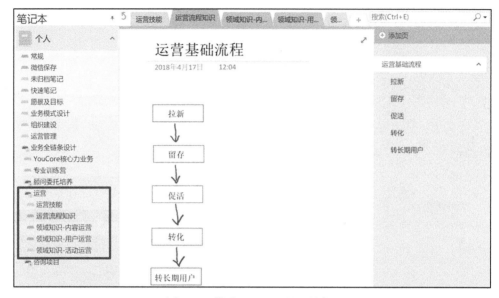

图 12-5　搭建 OneNote 笔记结构

○ 步骤2　比对迁移

经过步骤1阅读互联网运营的入门图书、整理运营的整体框架后，接下来是对照这个整体框架，看看哪些技能和知识是自己已掌握的，哪些是已知未掌握的，以及哪些是未知的。

我的做法是列出一张 Excel 表，逐一做比对（素质和能力就无须比对了，因为它们是跟行业和专业无关的，可以完全迁移），如表 12-2 所示。

表 12-2　比对迁移

序　号	类　　别	技能/知识	掌握情况
1		用户分析	已知未掌握
2		目标分解	已掌握
3	运营技能	流程优化	已掌握
4		数据分析	已知未掌握
5		项目管理	已掌握
6		资源整合	已掌握

续表

序　号	类　　别	技能/知识	掌握情况
7	运营流程知识	拉新	未知
8		留存	未知
9		促活	未知
10		付费	已知未掌握
11		转长期用户	未知
12	运营领域知识——内容运营	创作	已知未掌握
13		采集	未知
14		编辑	已知未掌握
15		传播	未知
16	运营领域知识——用户运营（含社群）	用户画像	已掌握
17		用户体系构建	已知未掌握
18		用户管理（如行为规范）	已知未掌握
19		用户互动	未知
20	运营领域知识——活动运营	活动策划	已知未掌握
21		活动执行	已掌握
22		活动复盘	已掌握

下面继续讲述我的经验。

经过对表 12-2 的整理后，我很快就清楚了我的哪些知识和经验可以直接迁移过来，哪些需要做一定的调整和补充学习，以及哪些需要全新学习。例如：

（1）我已经掌握了目标分解、流程优化、项目管理、资源整合的技能，以及用户画像、活动执行、活动复盘的知识，这些技能和知识，我直接迁移过来就可以了，无须再浪费宝贵的时间和精力重新学习。

（2）用户分析和数据分析技能，虽然我在做企业管理咨询项目时就在用，但在互联网运营领域，分析的对象不同，需要采集的数据也不同，因此我需要做比对学习，只能做部分迁移。

（3）像拉新、促活、留存这些运营流程知识，以及内容运营中的采集、传播这些知识，我之前都不知道，因此需要全新学习。

经过这样的比对和迁移后，我学习和入门互联网运营的速度就大大加快了，而且我知道在某些方面，如流程优化、项目管理、活动执行、活动复盘等，我比在互联网运营领域工作很多年的那些资深运营其实更资深。这些就是我从互联网运营小白快速成长为一名运营高手可以利用的优势。

○ 步骤3　功利性学习

构建出互联网运营的整体框架，并且通过比对迁移，分析出已掌握、已知未掌握和未知的内容后，接下来就要确定学习重点。因为我的时间和精力也是有限的，没有办法将所有未掌握和未知的内容都学习一遍。

我确定学习重点的标准有三个。

1. 基础性的运营知识必须优先学习

这是后续系统学习和掌握互联网运营知识的基础，必须优先学习。

根据步骤1中梳理出来的整体框架，我知道运营的基础知识可以用一个流程串起来，就是拉新、留存、促活、转化、转长期用户。

因此，我学习的第一重点就是将这个流程中涉及的基础知识了解一遍，并且将学习到的知识填充到OneNote对应的页面中。

2. 根据YouCore的业务类型确定重点学习的运营领域

通过对步骤1中三本书的阅读，我发现互联网运营的领域特别广，不同产品的运营差异很大，而且侧重点都不同。

例如，新闻资讯App的互联网运营和某品牌化妆品购物网站的互联网运营，它们运营的侧重点不同，差异很大。前者的收入主要来自广告，因此更关注用户的流量，而后者的收入主要来自商品的销售，因此更关注有效的销售转化。

YouCore 是做职场思维、学习、人脉等核心力在线教育产品的，并且定位不是知识传播，而是立志于真正帮人学会。因此，所服务的人群在精而不在多，相应地，运营重点在于如何精准地吸引有思维、学习、人脉提升需求的职场人和准职场人。

这类人士比较理性，一般倾向于对"干货"内容的深度阅读，因此在从零开始的起步期，我最应该侧重内容运营知识的学习，更具体的就是学习如何写作和传播职场"干货"文章。

3. 根据 YouCore 的人员配置确定不同领域的学习深度

明确重点学习的运营领域后，还需要确定学习深度。因为运营不是一个人单打独斗，而是团队协作，因此，作为运营总监，需要根据团队中人员的不同配置，调整自己在不同领域的学习深度（身为总监，就要有"守门员"的自觉性，团队里任何人没做好的部分，最后都需要你来"画句号"）。

假如团队里有创作文章非常厉害的人，但在文章的传播上缺少合适的人选，那么你需要在文章传播上深度学习；反过来，如果团队里有对文章传播很擅长的人，但缺少创作文章的人，那么你需要在创作文章上深度学习。

YouCore 刚起步的时候，文章的编辑和传播由尔雅市场部转岗过来的两位同学负责，而且这两个方面比较容易招聘到合格的运营人员，但在选题、"干货"文章的创作上没有合适的人选，而且这类人才较难招聘，因此我将文章编辑和传播的学习深度设置为大致了解，将选题和"干货"文章创作的学习深度设置为要能出具 YouCore 自己的方法论。

选题和"干货"文章的创作属于理解技能，具体的学习方法可以回顾第 10 章的内容；文章编辑属于程序技能，具体的学习方法可以回顾第 9 章的内容。

通过运用功利性学习的理念和方法，我就可以从浩瀚无边的互联网运营知识海洋里跳出来，将宝贵的时间和精力用在对 YouCore 当前阶段运营最能见效的内容创作学习上。

当对内容创作掌握得很好之后，随着 YouCore 业务的发展，以及团队人员的补充与调整，我又继续运用这种理念和方法，确定另一个重点学习的运营领域和学习深度。

例如打造好 YouCore 的内容创作团队后，我就将社群运营（用户运营的一部分）作为我新的学习重点。

因此，选择哪个点切入一个新行业或新领域不是最关键的，最关键的是这个切入点的选择必须是功利性的，这样你才能更快也更有成效地进入一个新行业或新领域。

○ 步骤4　整体应用

经过前面三个步骤，我已经：

（1）构建了互联网运营的整体框架，这有助于建立完整的运营知识体系，不会陷入堆沙堆式的碎片化学习中。

（2）进行了比对迁移，这有助于充分复用先前的知识和经验，以更短的时间更好地入门互联网运营。

（3）通过功利性学习，明确了重点学习的领域和深度，这有助于将宝贵的时间和精力用在最能产生效果的刀刃上。

到了整体应用这一步，我需要将前面三个步骤的学习成果真正应用在实践中。

这个步骤的命名不是"应用"，而是"整体应用"，"整体"这个词就是这个步骤的核心。

转入一个新行业或新领域时，最大的挑战就是：时间不够！

如果你是在某个单位工作的话，时间的紧迫性来自你的上司或老板，他们留给你上手的时间永远比你需要的时间要少。

如果你是自己创业的话，时间的紧迫性来自市场，市场留给你反应和生存的时间永远比你需要的时间要少。

那么，如何才能在更短的时间内，积累出比该行的资深人士更多的经验呢？

一个好方法就是"整体应用"，也就是尽量在一次实践中，充分运用所学的技能和知识，并且将实践经验更完整地积累下来。

整体应用的具体方法，你可以回顾第 7 章的内容。这里以我在 YouCore 公众号上发布的第一篇文章为例，演示一下我是如何整体应用我所学到的内容运营的知识的。

当在 YouCore 公众号发布第一篇文章的时候，我没有像一般人那样，只是先发一篇文章看看，而是将我所学的内容运营的知识做了一次整体的应用。应用的知识点如表 12-3 所示。

表 12-3　整体应用

序号	所学内容运营的知识	应 用 点	应用示例
1	文章选题	监控当月热点	年底了，大部分人又想换工作了，因此写了"可迁移能力"
2	起标题	这最好（How）玩（Why）+数字+四大社交筹码	"工作 10 年才懂的道理，早知道职位比现在高两级" — 标题形式：数字 — 标题内容：八卦、实用两筹码
3	"干货"文写作	解构大量"干货"文章后，提炼的 YouCore 干货框架	在 YouCore 公众号上回复 1002 查看
4	文章编辑	版面布局、分段、字体（大小、间距、颜色）	第一篇文章做得一般，可参考 YouCore 公众号最新文章
5	文章传播	公众号关注来源主要来自转载、朋友圈转发	先发动朋友圈转载，再由有影响力的朋友分享，诱发大号转载（如 Linkedin、奴隶社会等）

我对前三个知识点（文章选题、起标题、"干货"文写作）再做一下详细演示。

1. 文章选题

关于文章选题，我参考阅读的运营图书和文章，建立了一份热点话题预测文档，每月根据搜索引擎热词排名预测可能的热点，文章的写作题材就优先从这些预测的热点里选取，如图 12-6 所示。

12 月热点话题预测

年底想换工作的心态

1. 选工作需要注意什么

2. 如何找到就业方向

3. 找不到工作怎么办

4. 准备阶段方法论

5. 面试方法论

6. 好工作对职业生涯的意义

7. 体制内和体制外的差异真的是"体制"吗

图 12-6 文章选题

2. 起标题

通过有针对性地阅读相关的运营图书和网络文章，我整理了一份起标题的检查清单，如表 12-4 所示。

文章写出来之后，我就对照这个清单起了多个备选标题，并且通过小范围的投票确定了最终的文章标题。

表 12-4　文章起标题的检查清单

标题形式		标题内容：四大社交筹码			
这、最、好（How）、玩（Why）	包含数字	八卦（知道别人不知道的、违背常识、与本能不符、蹭热度、他人隐私）	说出某群体的内心想法（能够说出具体想法是什么，能说出自己不敢说的）	体现个人身份（财富、人脉、标签，如北大、清华）	实用工具、技巧、方法（能帮得到别人、厨房去油小妙招）
有"Why"	包含	工作 10 年才懂的道理,早知道职位比现在高两级	同样是工作 10 年，是什么造成了你跟别人的差距？	没想到这才是我工作两年就能领导老员工的根源	工作 10 年才懂的道理,早知道职位比现在高两级
有"最"	不包含	马云、马化腾们能成为成功人士的最大秘密之一	我们的工作"low 爆了"，这样的工作才是好工作！		

3."干货"文写作

在正式动手写第一篇文章之前，我先拆解了大量阅读量较高的"干货"文，比对了它们的异同之后，分别提炼了 YouCore"干货"文的写作步骤，以及 YouCore 发文自检清单，分别如图 12-7 和图 12-8 所示。

不只是我，YouCore 团队中任何一个人写作"干货"文时，都必须遵循这些步骤，以及满足发文自检清单后，才允许正式排版发出。

同样是发一篇文章，像我这样将所学的内容运营知识做一遍整体应用的话，是不是一次积累的经验比单纯发一篇文章要多上 5~10 倍？这就是我用不到三个月时间，就能成为一名运营高手的核心诀窍。

图 12-7　YouCore "干货" 文写作步骤

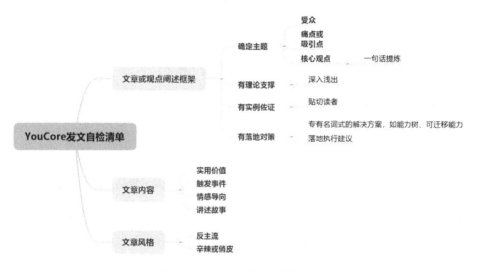

图 12-8　YouCore 发文自检清单

○ **步骤 5　改进迭代**

前面四个步骤完成后，相当于 PDCA 循环完成了 Plan（步骤 1 到步骤 3）和 Do（步骤 4）的部分，因此还要继续做 Check 和 Action 的部分，否则你可能把一个错的方法持续使用下去，再也没有改进提升了。

任何人，包括我们耳熟能详的一些大师——德鲁克、波特、钱学森，在初次学习新概念或新技能的时候，都会存在理解偏差、应用不深的问题。这就需要你不能满足前四个步骤总结出来的方法，而是要根据实际应用效果的反馈，进行改进和调整，并且根据下次的反馈，继续改进和调整，通过这样持续改善，最终迭代出更成熟的方法论。

以步骤 4 中的"干货"文创作为例，对照"YouCore 发文自检清单"写出来的"干货"文，确实受到了不少人的喜欢，而且确实给读者带来了帮助。

但这样的文章我们看一篇还可以，看过三四篇后，就觉得很干瘪，不太能打起精神阅读，原因是文章的故事性不强，不太吸引人。

因此，在后续的实践中，我就在 YouCore 发文自检清单中增加了故事性的要求，如图 12-9 所示。

图 12-9　增加了故事元素要求的 YouCore 发文自检清单

是不是只有根据实践效果，不断地改进迭代，才能打磨出一个相对完善的方法？

总结

我如何在不到 3 个月内从互联网小白成长为运营总监的故事就讲完了，希望能对你理解和运用下面 5 个学习步骤有所帮助：

- 步骤 1　构建框架

- 步骤 2　比对迁移

- 步骤 3　功利性学习

- 步骤 4　整体应用

- 步骤 5　改进迭代

这 5 个步骤的本质是对 3 大学习策略（框架、可迁移、功利性学习）的综合运用。在这个综合运用中，你又可以使用五大学习技巧（搜索、阅读、理解、积累、应用）来帮你加速学习过程，提升学习效果。

在"步骤 3 功利性学习"中，为了避免内容过于冗长，我省略了具体学习"干货"文创作和传播技能的详细方法。实际上，这些技能的学习步骤与第 10 章中介绍的技能学习步骤类似。如果你对这部分内容有疑问，建议你重新阅读第 10 章和第 9 章的相关内容，以加深理解。

至此，本书的正文内容已经全部结束，感谢你一直以来的陪伴。正如"步骤 5 改进迭代"中所强调的，任何方法都需要不断地完善和改进。本书所介绍的方法也不例外。希望你在实践中能够不断调整和完善这些方法，以适应不断变化的学习需求。

学员感言

这本书确实是我见过的最出色的方法论之一，需要多次阅读和深入思考。回顾我去年未能成功的项目，一个重要原因是我没有掌握搭建框架的方法，心中缺乏明确的体系。正如书中所述，一个清晰的框架能够帮助我们更好地理解和解决问题。通过学习和实践这本书中的方法论，我相信我能够更好地应对未来的挑战，提高自己的能力和效率。

——学员 1

构建知识体系一直是我们学习的目标之一，但很少有人能够像王老师这样清晰地解释如何操作。通过王老师的指导，我明白了如何构建一个有效的知识体系，并且能够在实际操作中应用。这种感觉就像是从盲人摸象的困惑中解脱出来，豁然开朗。现在，我对自己的学习有了更清晰的认识和更强的信心。

——学员 2

↘ 书外求助

看完了这一章，是不是有了一种融会贯通的感觉？

3 大学习策略、5 大学习技巧既可以被综合运用以掌握程序技能、理解技能，也可以被更综合地运用来入门一项涵盖多种技能的新工作。

现在 AI 技术日新月异，除了文中提到的写作方法，想不想知道 AI 如何进一步提升写作效率？

关注微信公众号 YouCore，发送"学习力"，即可入群获得书外求助。

参考文献

[1] 布兰思福. 人是如何学习的：大脑、心理、经验及学校（扩展版）[M]. 程可拉, 孙亚玲, 王旭卿, 译. 上海：华东师范大学出版社, 2013.

[2] 安德森. 布卢姆教育目标分类学：分类学视野下的学与教及其测评（完整版）[M]. 罗星凯, 蒋小平, 张琴美, 译. 北京：外语教学与研究出版社, 2009.

[3] 高文, 徐斌艳, 吴刚. 建构主义教育研究[M]. 北京：教育科学出版社, 2008.

[4] 坎德尔. 追寻记忆的痕迹[M]. 罗跃嘉, 译. 北京：中国轻工业出版社, 2007.

[5] 加洛蒂. 认知心理学：认知科学与你的生活[M]. 第5版. 吴国宏, 译. 北京：机械工业出版社, 2016.

[6] 威金斯, 麦克泰格. 追求理解的教学设计[M]. 第2版. 闫寒冰, 宋雪莲, 赖平, 译. 上海：华东师范大学出版社, 2017.

[7] 高桥政史. 聪明人的一张纸工作整理术：完美图解[M]. 易哲, 译. 长沙：湖南文艺出版社, 2016.

[8] 王世民. 思维力：高效的系统思维[M]. 北京：电子工业出版社, 2017.

[9] 张一蕾. Censydiam 模型理论在人物角色构建中的应用[J]. 设计, 2013(11)：133-134.

[10] FRANKEN R E. 人类动机[M]. 第五版. 郭本禹, 等, 译. 西安：陕西师范大学出版社, 2005.

[11] PETRI H L, GOVERN J M. 动机心理学[M]. 第五版. 郭本禹, 王志琳, 王金奎, 郭金波, 译. 西安：陕西师范大学出版社, 2005.

[12] BROWN P C, ROEDIGER III H L, MCDANIEL M A. Make it stick: the science of successful learning[M]. Cambridge：Belknap Press, 2014.

[13] LANG J M. Small Teaching: Everyday Lessons from the Science of Learning[M]. New York：Jossey-Bass, 2016.

[14] DOYLE T, ZAKRAJSEK T. The new science of learning: how to learn in harmony with your brain[M]. Sterling：Stylus Publishing, 2013.

[15] 考夫曼. 关键 20 小时, 快速学会任何技能！[M]. 任忆, 译. 北京：机械工业出版社, 2015.

[16] 奥斯特瓦德, 皮尼厄. 商业模式新生代[M]. 王帅, 毛心宇, 严威, 译. 北京：机械工业出版社, 2011.

[17] 许正. 与大象共舞：向 IBM 学转型[M]. 第 2 版. 北京：机械工业出版社, 2013.

[18] OSTERWALDER A. The business model ontology: a proposition in a design science approach[D]. 2004.

反侵权盗版声明

电子工业出版社依法对本作品享有专有出版权。任何未经权利人书面许可，复制、销售或通过信息网络传播本作品的行为；歪曲、篡改、剽窃本作品的行为，均违反《中华人民共和国著作权法》，其行为人应承担相应的民事责任和行政责任，构成犯罪的，将被依法追究刑事责任。

为了维护市场秩序，保护权利人的合法权益，我社将依法查处和打击侵权盗版的单位和个人。欢迎社会各界人士积极举报侵权盗版行为，本社将奖励举报有功人员，并保证举报人的信息不被泄露。

举报电话：（010）88254396；（010）88258888

传　　真：（010）88254397

E-mail：　dbqq@phei.com.cn

通信地址：北京市万寿路 173 信箱

　　　　　电子工业出版社总编办公室

邮　　编：100036